나 뛰어넘을 것인가
깨어있을 것인가

좌 선 과 정 좌

나 뛰어넘을 것인가
깨어있을 것인가

좌 선 과 정 좌

지은이 오카다 타케히코(岡田武彦)
옮긴이 정지욱
펴낸이 김기창

편집디자인 김숙경
표지디자인 정신영
초판 1쇄 펴낸날 2009년 4월 19일

도서출판 문사철

서울특별시 종로구 명륜동 1가 51번지 트리플 빌딩 102호
전화 02)741-7719 / 팩스 0303)0300-7719
전자우편 bk010@naver.com
출판등록 제 300-2008-40호
ISBN 978-89-961193-8-8

坐禪と靜坐 by OKADA TAKEHIKO
Copyright ⓒ1965 by OKADA TAKEHIKO
All rights reserved
Original Japanese edition published by 長崎縣敎育委員會
Korean translation rights arranged with OKADA TAKEHIKO
Korean translation rights ⓒ 2009 Moonsachul Publishing Co.

이 책의 한국어판 저작권은 일본 저작권자와 독점 계약한 '문사철'에 있습니다.
저작권법에 의해 한국 내에서 보호를 받는 저작물이므로 무단전재나 복제,
광전자 매체 수록 등을 금합니다.

책값은 뒤표지에 있습니다.

나 뛰어넘을 것인가 깨어있을 것인가

좌 선 과 정 좌

오카다 타케히코(岡田武彦) 지음

정지욱 옮김

도서출판 **문사철**

※ 일러두기

1. 본 번역은 長崎縣敎育委員會에서 출판한 『坐禪と靜坐』 1965년 판본을 사용하였음. 본서는 1970년부터 櫻楓社에서 출판되었는데, 개정판은 아니므로 양서의 차이는 없다.

2. 모든 각주는 역자가 첨부한 것(원본에는 전혀 각주가 없으며, 인용문의 한문 원전도 기술되어 있지 않음).

옮긴이의 글

학문을 한답시고 책과 씨름한 지 수십 년, 그러나 시간이 더할수록 오히려 마음은 황량하고 거칠어만 간다. 장탄식! 생각해보면 실은 너무나도 당연한 일이었다. 그저 머리로만 책을 대했으니, 그것도 동양철학을.

주지하듯이 동양철학의 핵심은 '수양론(공부론)'에 있다. 동양에서의 진리란 단지 진리를 인식하는데 있는 것이 아니라, 실제로 인격의 개변을 통해서 성인이 되는데 있기 때문이다. 그럼에도 불구하고 수양론에 관한 연구는 매우 미흡한 상태이다. 역자가 아는 한, 본서 『'나' 뛰어넘을 것인가? 깨어있을 것인가? - 좌선과 정좌』는 유교의 수양론을 가장 정치하고 깊이 있게 다룬 서적이라고 생각된다. 특히 불교의 좌선과 유교의 정좌를 비교하면서 양자가 어떤 관계 속에서 발전되어 왔으며, 그 역학관계가 유교 특히 송명 유학에 어떤 영향을 끼치고 있는지를 상세하게 다루고 있다. 사실 주정主靜공부에서 정좌靜坐로 그리고 경공부敬工夫로 전개되는 유학의 공부론은 매우 난해하다. 그러나 본서는 그 개념 들을 잘 짚어가면서 그 변화의 추이를 예리하게 기술하고 있다. 특히 제2장과 3장은 학문적(이론적)으로도 매우 가치가 있으며, 3장은 정좌 체인에 관해 실천적으로 기술한 부분이라는 점에서 각별히 의의가 있다고 하겠다. 이런 점에서 동양철학 연구자는 물론 철학 전반에 관심 있는 자나, 수양 또는 인간성 회복 등에 관심 있는 자들에게는 실로 중요한 일서一書라고 생각된다.

   본 역서를 내면서 가장 먼저 떠오르는 분이 계시다. 본서의 저자 오카다 타케히코(岡田武彦) 선생님이다. 선생님은 아라키 겐코(荒木見悟)선생님과 함께 역자가 가장 존경하는 분이다. 역자의 유학시절 이미 정년퇴임하시고 일선에서 물러나신 상태였으므로 직접 가르침을 받지는 못했지만, 명유학안 강독회에 가끔씩 자리하셨으며(강독팀은 원래 선생님의 주도하에 조직되어 수십 년간 계속되고 있음), 철학과 행사 때도 참석하셔서 술자리를 함께 하시곤 했다. 또한 한국에서 오신 선생님들과 상견례하실 때면 한국인이라는 덕분에 역자도 끼워주시곤 했다. 그럴 때마다 80이 훌쩍 넘은 연세에도 불구하고 그 주량酒量의 무한함과 끝없이 풀어내시는 사색의 실타래를 경외의 눈으로 바라보곤 했던 기억이 난다. 선생님은 참으로 청빈하시고 맑은 분이시며 마음 또한 바다처럼 넓었다. 모름지기 학자라면 선생님과 같아야 하는데 하고 스스로를 다짐하곤 했다. 2004년 한국에서 선생님의 부음을 들었는데 여러 가지 사정으로 마지막 길을 가뵙지 못한 것이 항상 마음에 걸렸다. 본 역서로 조금이나마 기뻐하셨으면 좋으련만.

출판에 즈음하여 감사드릴 분이 너무 많다. 우선 나가사키현 교육위원회(長崎縣敎育委員會)에 감사드려야 할 것 같다. 환율문제도 있고 해서 판권 문제로 고민이 많았는데, 위원회 측에서 흔쾌히 무조건적인 역서 출판을 허락해주셨다. 이 자리를 빌어 진심으로 감사드린다.

그 과정에서 역자를 대신하여 위원회와 연락을 취하면서 역서 출판을 허락하도록 힘써주신 은사 후쿠다 시게루(福田殖)선생님과 시바다 아츠시(柴田篤)선생님께도 감사드린다. 아직 학은學恩의 만분의 일도 돌려드리지 못했는데 또다시 폐를 끼치게 되었다. 이분들께 고마움을 갚는 길은 그나마 좋은 역서를 만들어내는 것이라 여기고 나름대로 번역에 충실을 기하고자 하였다. 그러나 역자의 무능 탓에 그것도 여의치 못했다. 그저 죄송할 뿐이다.

본서를 이처럼 훌륭하게 만들어주신 도서출판 문사철의 관계자 여러분께도 진심으로 감사드린다. 특히 김기창 대표께서는 이런 불경기에 경제적 이익도 없이 오로지 동양학 발전을 위해서 선뜻 출판을 약속해주셨다. 더구나 평소 수양에 관심이 있고 다년간 직접 실천을 해오신 터라 본서를 보고 자신의 일처럼 기뻐해 주셨다. 오랜 지기를 만난 듯한 기분이었다. 앞으로도 긴 인연을 맺어가고 싶다.

마지막으로 이 책을 통해 만나게 될 여러 독자님들께도 미리 인사드린다. 그 분들과 함께 참 '나'를 찾는, 길지만 가슴 설레는 여정에 오르고 싶다.

2009년 4월
옮긴이 정지욱

차 례

옮긴이의 글   5

Chapter 01   좌선론   13
     정좌관심靜坐觀心   15
     정靜과 자연   22
     정靜과 권모權謀   27
     정靜과 초월   33
     망忘과 부지不知   35
     요가와 선정禪定   50
     선禪과 동정動靜   56
     좌선과 조식調息   64
     좌선과 의학   93
     노이로제   95
     만성위장병   97
     결핵   97
     불면증   98
     고혈압   98
     뇌출혈 예방   99

Chapter 02	**좌선 비판**	101
	이상사회	103
	정靜과 경敬	109
	선 비판	123
	선은 인륜을 알지 못한다.	129
	선은 경세를 목적으로 하지 않는다.	132
	선의 심성은 내외일관된 것이 아니다.	140
	선은 절대무를 얻은 것이 아니다.	143
	선은 절대의 자유를 얻지 못했다.	144
	정靜 비판	147

Chapter 03	**정좌체인론**	157
	정좌와 인仁	159
	복칠규復七規	173
	정자와 거경	194
	정좌와 지장智藏	217
	정좌법	223
	정좌집설靜坐集說	245

Chapter 01
좌선론 坐禪論

정좌관심靜坐觀心

정좌靜坐란 신체를 평안하고 고요하게[安靜]하여 앉는 것을 말하는데, 그 목적은 마음을 안정시켜 맑고 깨끗하게 하기 위한 것이다. 한마디로 마음을 고요히[靜] 하기 위하여 정좌를 하는 것이다. 그러나 엄밀히 말해 마음은 한순간도 머물러 있지 않는 것이므로 과연 정좌만으로 마음을 고요히 할 수 있을까가 문제시되지 않을 수 없다. 깊이 생각하면 생각할수록 갖가지 의문이 꼬리를 물고 일어나 어떻게 해결해야할지 도무지 알 수 없게 된다. 그도 그럴 것이 마음을 고요히 하려고 마음먹는 자체가 이미 마음을 동요시키고 있는 것이기 때문이다. 이렇게 생각해가면 문제가 점점 복잡해진다. 그러나 우리들은 일상생활에 있어서 마음을 고요히 안정시키는 것이 얼마나 중요한 것인지를 경험상 잘 알고 있다. 노기怒氣나 격정이 사람들에게 재화災禍와 실패를 가져다 준다는 것을 우리들은 종종 보아 왔으며, 나아가 어떻게 하면 마음을 고요히 할 수 있는가에 대한 구체적 방법에 관해서도 여러 루트를 통해 익히 들어왔다. 예를 들어 마음속으로 하나에서 열까지 센다거나, 배꼽 밑 단전에 힘을 집중한다거나, 또는 깊이 심호흡을 하면 좋다는 말은 누구라도 한번쯤은 들었거나 혹은 책을 통해 알고 있을 것이다.

이러한 방법은 정좌의 경우에도 필요한데 이 점에 관해서는 뒤에서 설명하겠다. 마음을 고요히 안정시키는 것은 일상생활에 있어서 매우 중요한 일일 뿐만 아니라, 인생의 근본 문제와 맞닿은 중요한 의미도 들어있다. 이 점에 관해서도 차차 서술하겠다. 다만 여기서 한마디 해두고 싶은 것은, 마음을 고요히 유지하기 위해서 반드시 정좌가 아니면 안 되는 것은 아니라는 점이다. 분노를 예로 들자면, 그것이 사적私的인 분노가 아니라 공적公的 도리에 들어맞는 공분公憤이라고 한다면 설사 분노를 일으켰다 하더라도 마음속은 이른바 '명경지수明鏡止水'의 경지라고 해야 하지 않을까? 그렇다면 분노하면서도 어딘가 그 분노를 초월한 곳이 있을 것이다. 그러한 경지를 옛사람들은 '움직임 속에 고요함이 있다[靜中有動]'는 말로 표현하였다. 어떠한 경우에도 침착하게 바른 길을 밟고 서서 동動하지 않는다면, 마음은 안정을 얻어 동요되지 않을 것임을 옛사람들은 가르쳐주고 있는 것이다. 『중용』에서도 다음과 같이 말하고 있다.

> 군자는 현재의 위치에 맞게 행하고 그 밖의 것을 원하지 않는다. 부귀에 처하여서는 부귀를 행하고 빈천에 처하여서는 빈천을 행하며, 오랑캐에 처하여서는 오랑캐를 행하고 환난에 처하여서는 환난을 행하니, 군자는 들어가는 곳마다 스스로 얻지 못하는 것이 없다.*

이것은, 군자라고 불리는 자라면 모름지기 자기가

---

* 君子, 素其位而行, 不願乎其外. 素富貴, 行乎富貴, 素貧賤, 行乎貧賤. 素夷狄, 行乎夷狄, 素患難, 行乎患難. 君子無入而不自得焉.(『중용』14장)

놓여있는 상황에 몸을 평안히 하고, 그 상황에 응하여 바른 길을 밟고 그 외의 일은 돌아보지 않는다는 말이다. 예들 들어, 부귀한 자는 그 상황에 응하여 도를 행할 뿐, 사람들을 무시하거나 사치에 빠져 인간이 가야 할 길을 벗어나는 짓을 하지 않는다. 빈천한 자도 그것에 응하여 도를 행할 뿐, 비굴하게 굴거나 아첨 떨지 않는다. 야만인과 함께 살게 되어도 그것에 응하여 도를 행하고, 환난에 빠져도 그것에 응하여 도를 행한다. 그러므로 군자된 자는 어떠한 상황에 놓여도 마음이 평안할 뿐이다. 『대학』에서도 "머물 곳을 안 뒤에야 안정됨이 있고, 안정됨이 있은 뒤에야 고요함이 있다"고 말하고 있다. 즉 어떤 일을 하는 경우 평안히 하여 따라야 할 최선의 길이 있을 것이니 우선 최선의 길을 분명히 자각해야 한다. 그러면 이렇게 해야 할까 저렇게 해야 할까 주저하지 않게 되어 의지가 정해지며, 그 결과 마음이 고요히 안정된다는 것이다.

 이렇게 볼 때 일부러 정좌해서까지 마음을 고요히 할 필요가 있을까 하고 생각되겠지만, 실은 정좌에는 매우 중요한 의미가 들어있다. 옛날부터 일본인들에게

친숙했던 서적 중에 『채근담菜根譚』이라는 명저가 있다. 그 책의 서명은 "사람들이 항상 채근을 곱씹으면 모든 일을 이룰 수 있다"는 송대의 유자 왕신민汪信民의 말에서 따 온 것이다. 이 서적은 마음의 수양과 처세의 요체를 알기 쉽게 설명하고 있는데, 그 중에 다음과 같은 말이 있다.

> 모두가 잠들어 고요하고 깊은 밤 홀로 앉아 자신의 마음을 들여다보면 허망한 생각이 사라지고 참된 본성이 나타나는 것을 느낄 수 있으니, 바로 이런 가운데 커다란 진리를 얻을 수 있다.*

이것은 무엇을 의미하는가? 깊은 밤, 사람들이 모두 잠들어 쥐죽은 듯 고요할 때 홀로 정좌하여 마음을 관觀하면, 비로소 사념邪念이 소실되고 진심眞心만이 뚜렷이 드러나게 된다. 이렇게 되면 마치 밝은 달이 하늘에 빛나 팔방이 영롱하고 시방十方이 통달하듯 자재

---

* 深夜人靜獨坐觀心, 始覺妄窮而眞獨露, 每於此中得大機趣. (『채근담』 제9조)

무애한 작용이 생겨난다는 것이다. 이것은 선禪에서 말하는 깨달음의 경지와 비슷하다고 하겠다. 선에서는 진망불이眞妄不二라 하여 진심과 망심을 다른 것으로 보지 않는다. 다시 말해 진심을 떠나 망심없고, 망심을 떠나 진심없다는 것이다. 이것은 마치 물과 얼음 또는 물과 파도의 관계와 같다고 할 수 있다. 하쿠잉 화상(白隱和尙)*의 『좌선화찬坐禪和讚』에 "중생은 본래 부처이니 마치 물과 얼음의 관계와 같다. 물을 떠나 얼음이 있을 수 없듯 중생의 밖에 부처 또한 없다"는 말이 있는데, 이것은 바로 위와 같은 뜻을 깨달은 사람의 말인 것이다. 여하튼 여기에서 말하는 정좌관심靜坐觀心은 인생과 우주의 근본을 깨닫는 한 방법으로 볼 수 있다. 따라서 "정靜 중의 념려念慮가 맑고 깨끗하면 마음의 진체眞體를 볼 수 있고 그 안의 기상이 종용하면 마음의 참된 기틀을 인식할 수 있으며, 담淡

---

* 에도 중기의 선승인 하쿠잉 에카쿠(白隱慧鶴, 1685~1769)를 말함. 임제선臨濟禪 중흥의 개조로 칭해지며, 척수음성(隻手音聲, 한 쪽 손바닥만으로 울리는 소리를 마음의 귀로 들음)공안으로 중생을 깨닫게 했던 것으로 유명하다. 저서에 『야선한화夜船閑話』 등이 있다.

중의 의취가 충일하면 마음의 참 묘미를 얻을 수 있다. 마음을 관觀하고 도를 증득함에 이 세 가지만한 것이 없다"고 말한 것이다. 이렇게 볼 때, '마음을 관하여 도를 증득(관심증도觀心證道)한다'고 해도 그것이 그렇게 단순한 것이 아님을 알 수 있다. 정 중의 깨달음만해도 그 참됨에 이르는 것이 그렇게 용이하지 않다. 이미 고인古人들도 술회하고 있듯, 고요한 가운데서는 깨달은 것 같아도 막상 현실적 일들에 접하게 되면 그 깨달음이 아무런 도움도 되지 않는 경우가 종종 있다. 그렇다면 고요한 가운데 정좌하는 것보다는 오히려 동중動中에서 깨닫는 편이 훨씬 효과적이라고도 볼 수 있다.

정靜과 자연

정좌는 마음을 고요하게 하는 첩경이다. 이것은 마음과 몸이 하나라는 것을 그 전제로 하고 있는데, 그렇다면 왜 마음을 고요히 하지 않으면 안 되는 것일까? 그 목적은 도대체 어디에 있는 것일까? 이것을 분명히 알지 못하면 정좌의 목적도 명료해지지 않는다. 따라서 정좌에 대한 오해를 불식시키기 위해서 먼저 정사상靜思想의 개요를 알아둘 필요가 있다.

본래 정사상은 동양에서 현저한 발전을 이룬 것으로, 동양사상의 권위는 바로 이것에 의해 지탱되고 있다고 해도 과언이 아닐 것이다. 동양인이 정靜을 중시한 것은 그들이 자연을 도의 궁극으로 보고 거기에 귀의하려고 했기 때문이다. 그들은 옛날부터 자연을 존숭하고 거기에 귀의하려는 경향이 강하였다. 중국에서는 초기에 자연을 천天이라 하여 절대자로 숭경崇敬하였다. 따라서 천명은 절대적 권위를 갖고 있었으며, 비록 천자라 해도 천명을 어겨서는 안 된다고 생각했다. 오랜 옛날에는 천도 인간과 마찬가지로 마음을 갖고 있는 인격체로 간주하였다. 따라서 천자가 악정을 행하면 천의 분노를 사게 된다. 그 분노를 어떻게 알 수 있는가? 그것은 천재지변이나 백성들의 원망의 소리 등을 통해 알 수 있다고 생각하였다. 이 천 개념은 훗날 '이념(이법理法)'으로 간주되기에 이르는데 이때 종종 '자연'이라는 용어로 표현되기도 하였다. 그리고 그 자연에 귀의하여 그것과 명합冥合하는 것이 절대의 세계 또는 이상의 세계에 달하는 방법이라고 생각되었다. 그 결과 동양에서는 '자연'이라는 말이 마치 서양 그리스도교에서 말하는 신神과도 흡사한 권위를 갖게 되었던 것이다.

절대적 이념으로서의 '자연'을 찾기 위한 장소로 종종 자연의 풍물을 택하였다. 우리들은 옛 성현이나 달인達人들이 도의 깊은 뜻을 궁구하기 위해 심산유곡에 들어가 수행하였다는 말을 종종 듣는다. 다이쇼(大正)시대에 프랑스의 문호 폴-크로델이 대사大使 신분으로 수년간 일본에 체재한 적이 있었다. 어느 날 닛코(日光)에서 일본의 인상에 관한 강연을 하게 되었는데, 그 강연에서 크로델은 다음과 같은 흥미있는 발언을 남겼다. 일본에서는 초등학교 교사가 아동들을 데리고 소풍을 가는데, 가는 곳이 대부분 우거진 숲속의 신사神社이다. 왜 그런 곳을 택하는가 하면, 그곳에서 아이들이 자기도 알지 못하는 사이에 신과 인간 그리고 자연과의 삼위일체의 경지를 깨닫게 하고자 했던 것이다. 크로델의 생각이 옳은지 그른지는 별개로 하더라도, 동양인이 자연을 구도求道의 도량道場으로 생각하는 경향이 농후했었던 것만큼은 분명한 사실이다. 특히 심산유곡은 구도를 위한 매우 좋은 장소로서, 그 속에서 자연과 도 그리고 인간이 완전히 혼연일체가 되었던 것이다.

그런데 자연에 귀의하여 그것과 명합하려고 한다면 자연히 정靜적인 태도를 취하지 않을 수 없을 것이다. 그래서 동양인들은 궁극의 도는 고요[靜]하면서도

'자연적'인 것이라고 생각했다. 단 그것은 꼭 적멸寂滅하기만 한 것은 아니고, 그 안에는 마치 팽팽하게 당긴 활시위처럼 또는 쥐를 공격하는 고양이처럼 전광석화같은 활기活機와 묘용妙用을 포함하고 있다. 물론 같은 '활기와 묘용'이라고 해도 그 성질은 다양하다. 이렇게 볼 때 일괄적으로 자연의 도는 고요하다고 말하기가 어렵게 된다. 『주역』에 '복復'이라는 괘가 있다. 그것은 ䷗의 형상으로 다섯 개의 음 아래서 하나의 양이 움직이고 있는 모습을 나타낸 것이다. 다시 말해 '일양래복一陽來復'의 괘인 것이다. 역은 그것에 "복은 천지의 마음을 나타내는가"라는 설명을 붙이고 있다. 천지의 마음이란 자연의 마음(이때 '마음'은 도라고 해도 좋다)을 말한다. 음은 정靜이고 양은 동動이므로, 복괘는 정 가운데에서 동이 싹트는 모습을 나타낸 것이고, 역은 그것을 보면 자연의 마음을 알 수 있다고 역설한 것이다. 이 경우 자연의 마음을 정이라고 풀이하는 사람과 동이라고 풀이하는 사람이 있는데, 중요한 것은 정이라고 해도 그 안에 동이 싹트고 있는 정이고, 동이라고 해도 그 안에 정을 포함한 동이라는 점이다. 여하튼 동양에서는 동이라고 해도 정이라고 해도 단순한 동·정이 아니라 대부분의 경우 서로를 포함하고 있는 동·정을 의미한다고 하겠다. 다만 정을 동의 근본으로 간주하는 것이 동양적 사고의 특징이다. 물론 정의 도를 주지로 하는 것 중에도, 다시 정을 근본으로 하는 것과 동을 근본으로 하는 것이 있기는 하지만 말이다.

정靜과 권모權謀

그렇다면 도대체 어떤 경우에 어떤 목적으로 마음을 고요하게 할 필요가 있는 것일까? 여기 마음을 고요하게 하는데 뜻을 둔 세 명이 있다고 하자. 한 명은 명리名利의 마음을 깨끗이 털어낸 이른바 '심원心遠'의 경지를 위해서, 다른 한 명은 마음을 수렴하여 엄숙한 마음을 유지함으로써 조금이라도 인도人道에 위배되는 일이 없도록 하기 위해서, 그리고 마지막 한 명은 권모술수에 뜻을 두어 자기 마음속을 감추고 타자를 자유로이 지배하고자 하는 이유에서 도를 추구하고 있다고 하자. 그들은 모두 마음의 고요함을 추구한다는 점에서는 동일하지만 그 목적은 각기 다르다. 따라서 그 '고요한 마음'도 또한 다르다고 하지 않을 수 없다.

같은 정靜의 입장에 입각해 있으면서도 이와 같은 차이를 낳은 것은 무엇 때문일까? 바로 그들의 인생관과 자연관이 서로 다르기 때문이다.

고래로 중국에서 추구했던 도에는 세 종류가 있다. 첫째, 현실사회를 우리 뜻대로 제어하고 지배하기 위한 도. 둘째, 인간의 고뇌를 철저히 제거하여 광명에 빛나는 영원의 세계 또는 피안에 이르기 위한 도. 그리고 마지막으로 일심동체의 도덕적 이상사회를 실현하기 위한 도이다. 이것들을 임시로 각각 '현실적' '초월적' '이상적'이라고 명명해두자. 이 세 종류는 모두 자연을 궁극으로 간주하는데, 바로 그 자연에 달하기 위해 마음의 고요함이 요구되었던 것이다.

현실주의자는 인간을 철저하게 공리적인 존재로 간주한다. 법과 술術에 의한 철저한 전제정치를 주장했던 상앙商鞅, 신불해申不害, 한비자韓非子, 외교의 비책을 설파했던 귀곡자鬼谷子, 병법의 깊은 뜻[奧義]을 말한 손자孫子와 오자吳子 등이 이러한 입장을 취하고 있다. 그 중에서도 한비자와 손자는 철저히 공리주의적 입장에 서서 그 묘용을 잘 발휘하였던 인물이다. 이러한 인간관에 입각하여 인간·사회·국가를 보면, 그것은 늘 상호 대립과 투쟁의 관계 속에 있는 것으로 파악된다. 따라서 그들은 상대를 철저히 제어하고 지배할 수 있는 묘책을 구하지 않을 수 없다. 그 묘책에는 여러 가지가 있지만 힘에 의한 법이나 계책으로 타인을 조종하는 술術 등이 그 요체로 간주되었는데, 특히 '속임수[詐]를 갖고 선다', '리利로써 유혹한다' 등을 그 비책으로 삼았다. 여기서 말하는 '속임수'란 윤리적 악으로 간주되는 '속이다'의 의미가 아니라, 자기 마음속이 간파당하지 않게 천변만화하는 것을 말한다. '리利로써 유혹한다'는 것은, 상대가 리利라고 생각하는 것이 무엇인지 찾아내어 마치 미끼로 물고기를 낚아 올리듯 그 리利로 상대를 낚아 올림으로써, 상대방의 생사여탈을 자유자재로 조종할 수 있는 키를 쥐는 것이다. 이러한 경우 가장 필요한 것은 지혜[智]이다. 손자孫子는 대장군이 지녀야할 다섯 가지 덕 중에서도 지혜를 으뜸으로 삼았는데, 이는 너무나도 당연한 귀결인 것이다. 그런데 그들은 이러한 지혜가 고요한 마음에서 얻어질 수 있다고 생각했다. 따라서 『귀곡자鬼谷子』에는 다음과 같은 말이 보인다.

> 마음은 평안하고 고요하지 않으면 안 된다. 생각은 심원하지 않으면 안된다. 마음이 평안하고 고요하면 신명神明이 왕성해지고, 생각이 심원하면 훌륭한 계책이 세워진다. 신명이 왕성해지면 상대가 아무리 지혜로워도 우리 측을 미혹시킬 수 없고, 훌륭한 계책이 세워지면 상대가 아무리 좋은 수완을 가졌어도 우리 측을 패하게 하지 못한다.*

손자 역시 "장군은 고요하면서도 깊고 바름으로 다스린다"고 언급하고 있는데, 그 의미에 대하여 일본의 오규 소라이(荻生徂徠)**는 다음과 같이 설명하고 있다.

---

* 心欲安靜, 慮欲深遠. 心安靜則神明榮, 慮深遠則計謀成. 神明榮則志不可亂, 計謀成則功不可間.意 (『귀곡자』 轉丸 · 제13)

** 1666~1728. 명名은 双松, 자는 茂卿, 통칭通稱은 総右衛門, 호는 徂徠. 초기에는 주자학을 신봉하였으나 후에 주자학을 비판함과 동시에 이토 진사이(伊藤仁齋)의 고의학古義學도 비판하면서 '고문사학古文辭學'의 새로운 학풍을 일으킨다. 고문사학은 명 중기 이우린李于麟, 왕세정王世貞 등에 의해 제창된 것으로 한대 이전의 고문을 참된 것으로 간주한다. 소라이는 경서도 고언고어古言古語를 연구함에 의해서만 그 진의가 밝혀질 것이라고 주장한다. 특히 그는 주자학이 천과 인간, 사실(존재)과 당위의 세계를 연속적으로 파악한 것을 신랄히 비판하고 양자

이것은 대장군이 부하를 통솔하기 위한 마음가짐을 말한 것으로, 고요함이라고 하는 것은 소리도 없고 냄새도 없어 심중을 헤아릴 수 없는 것이고, 깊음이란 마치 어두운 곳을 볼 때처럼 밖에서는 무엇인가를 볼 수 있는 단서가 전혀 없는 것을 말한다. 그리고 바름을 갖고 다스린다는 것은 빈틈없는 야무진 태도로 군법을 정비하는 것을 말한다.

이에 따르면 손자가 말하는 '고요함'이란 내(장군) 쪽의 사정을 드러내지 않음으로 해서 부하들이 저절로 통솔되도록 하는 비책이다. 따라서 그것은 "물고기는 연못에서 벗어나서는 안 된다. 나라를 다스리는 이기器利器는 결코 남에게 보여서는 안 된다"고 하는 권모술수의 방책이었던 것이다(이 말은 『노자』에 보인다. 노자의 경우 꼭 권모술수적인 의미에서 말하지는 않았는데, 후대의 현실주의자가 이것을 권모술수적인

를 철저히 나누어, 인간세계에서만 인도人道를 세우고자 한다. 그리고 그 방법으로는 수기修己를 배제한 치인治人 즉 정치적 방법에 의한 인도의 수립을 지향하고 있다. 저서에 『오규소라이전집荻生徂徠全集』이 있다.

뜻으로 풀이하였다). 요컨대 그들은 공리적 인간관에 입각하여 타자와의 관계를 필연적 대립·투쟁·상극의 관계로 파악하였다. 이러한 논리 위에서 '고요함'을 유지함으로써 타자를 제어하는 것을 상책으로 여기고, 나아가 그 고요한 마음에 술수의 지혜가 담겨있다고 보아 고요한 마음[靜心]을 그 요체로 주장했던 것이다.

정靜과 초월

초월주의의 입장을 취하고 있는 자로는 무無를 설파한 노자와 장자, 공空을 주장한 석가(불교) 등을 들 수 있다. 그들은 인생·사회를 고뇌와 모순으로 가득 찬 상대적 세계로 간주하고, 그것으로부터 초월·해탈함에 의해서만이 절대세계, 광명으로 빛나는 영원의 세계에 달할 수 있다고 보았다. 다만 노장이나 대승불교는 어느 정도 현세에 대한 관심을 갖기 때문에, 초월·해탈의 길도 어떤 의미에서 현세적 구제를 목적으로 하는 것이 아니면 안 된다고 생각했다. 따라서 차안을 넘어 피안을 향하는 것만으로는 참된 초월·해탈을 얻을 수 없고, 다시 차안에로 회귀해야만 절대세계에 달할 수 있다고 생각했다. 즉 무無도 무무無無 다시 말해 유有에 즉하여야 참된 무가 되며, 공空도 공공空空 다시 말해 실實에 즉해야만 비로소 참된 공이 된다고 보았던 것이다. 불교에서 '왕환이상往還二相'이라고 하는 까닭이 바로 여기에 있으며, '우리가 곧 부처'라거나 '번뇌가 곧 보리'라고 하는 것도 이와 같은 맥락에서 나온 것이다.

이렇게 되면 인간부정은 다시 인간긍정으로 바뀐다. 그러나 이와 같은 인간긍정의 입장은 처음부터 인간긍정에 서 있는 입장과는 다른 것임을 이해하지 않으면 안 된다. 왜냐하면 설사 인간부정의 극치에 인간긍정이 있다고 해도, 그것은 큰 틀에서 보면 역시 인간부정 위에 있다는 점에서는 변함이 없기 때문이다. 따라서 그들이 추구했던 길은 여전히 초월적이라고 할 수 있다. 다만 '초월'이라고 해도 상대관과 모순관의 정도 혹은 현세구제의 방법 등에 따라 그 내용을 달리한다. 여하튼 이러한 초월의 깨달음에 있어 정심靜心이 얼마나 중요한가는 새삼 언급할 필요조차 없을 것이다.

망忘과 부지不知

마음을 고요히 하는 것이 단순한 상식의 수준을 넘어 선종에서 말하는 깨달음과 유사한 의미를 갖게 된 것은 이미 오랜 옛적의 일이다. 『장자』에 보이는 다음의 문장은 그 일단을 보여주고 있다.

> 남곽자기가 어느 날 책상에 기대앉아 하늘을 바라보며 '후' 하고 길게 숨을 내뱉었다. 그 모습은 외부의 물과 내적인 나의 대립, 자타의 구별 등을 완전히 잊고 망연한 상태였다. 그래서 제자인 안성자유가 그의 곁으로 나아가 물었다. "도대체 어떻게 된 것입니까? 육체는 본래 생명이 없는 고목과 같이 될 수 있지만, 마음은 육체와 달리 불꺼진 재처럼 아무

런 생기도 없는 상태로 될 수는 없지 않습니까? 그런데 지금 선생님의 모습을 보면 이전에 앉아 계시던 모습과는 전혀 달라 마음에 아무런 생기도 없습니다". 그러자 자기가 답했다. "언아, 참 좋은 질문을 하였구나. 지금 나는 나 자신을 완전히 잊어버려 피아·상대의 경계를 넘어 절대의 경지로 들어갔다".*

여기서 말하는 '망아忘我'에는 '깨달음'이라고 하는 적극적 의미가 포함되어 있음이 분명하다. 망아는 무아, 무심 또는 무지, 부지不知 등으로도 말해지는데, 결국 절대무의 마음, 바꿔 말하면 바로 '고요한 마음[靜心]'인 것이다.

'망忘'을 단지 소극적인 어떤 것이 아니라 절대자에 명합하고 일치하는 마음의 경지로 보았던 예는 『열자列子』에도 보인다. 거기에는 다음과 같이 서술되어 있다.

---

* 南郭子綦隱几而坐, 仰天而噓, 嗒焉似喪其耦. 顔成子游立侍乎前, 曰, 何居乎. 形固可使如槁木, 而心固可使如死灰乎. 今之隱几者, 非昔之隱几者也. 子綦曰, 偃, 不亦善乎, 而問之也. 今者吾喪我. (『장자』 제물론)

송宋나라의 양리陽里라고 하는 곳에 화자華子라고 하는 남자가 살고 있었다. 그는 중년이 되어 모든 것을 완전히 잊어버리는 건망증에 걸렸다. 아버지가 이를 걱정하여 여기저기 의사를 찾아가 여러 가지 처방을 받았지만 별반 효과가 없었다. 그런데 마지막으로 유생에게 치료받고 드디어 병이 나았다. 그 유생이 어떤 치료를 했는가 하면, 먼저 환자가 알몸이 되게 옷을 벗겨 환자로 하여금 옷을 입고 싶다는 욕망을 불러 일으켰으며, 다음으로 음식을 주지 않고 굶김으로써 먹고 싶다는 욕망을 불러일으키는 등 비술로써 고쳤던 것이다. 그런데 그 남자(화자)는 아직까지 병 덕분에 천지가 있는지 없는지도 모르고 탕탕히 좋은 기분으로 지낼 수 있었는데, 병이 나은 탓에 과거와 미래의 존망·득실에 대한 생각, 희로애락의 감정 등이 일시에 솟구쳐 마음이 어지러웠다. 이에 유생을 원수로 생각하여 그가 돌아가자 창을 들고 그를 좇았다.*

---

* 위의 인용은 원전의 순서를 뒤바꾸거나 생략하는 등 전체의 취지만을 살려 쓴 글이다. 이 부분의 정확한 원전의 의미를 알고자 한다면 다음을 참조하기 바란다. "宋陽里華子, 中年病忘, 朝取而夕忘, 夕與而朝忘. 在塗則忘行, 在室則忘坐. 今不

일본의 '예능藝能'에서도 '망'을 중시한다. 예를 들어 다도茶道로 유명한 센노 리큐(千利休)*는 "돈을 잊으라[忘]"고 말했으며, 노가쿠(能樂)**로 유명한 제아미(世阿彌)***는 "대사를 잊으라"고 말하였다.

일본에서는 특히 기예[技]에서 위와 같은 절대무의 마음, 다시 말해 정심靜心의 필요성을 강조한다. 다이쇼 때의 일이다. 한 명의 젊은 독일 철학자가 내일來日

識先, 後不識今. 闔室毒之, 謁史而卜丸. 弗占. 謁巫而禱之, 弗禁. 謁醫而攻之, 弗已. 魯有儒生, 自媒能治之. 華子之妻子, 以居産之半請其方. 儒生曰, 此固非卦兆之所占, 非祈請之所禱, 非藥石之所攻. 吾試化其心, 變其慮, 庶幾其瘳乎. 於是試露之而求衣, 飢之而求食, 幽之而求明. 儒子欣然告其子曰, 疾可已也. 然吾之方, 密傳世, 不以告人. 試屛左右, 獨與居室七日. 從之, 莫知其所施爲也, 而積年之疾, 一朝都除. 華子旣悟, 廼大怒, 黜妻罰子, 操戈逐儒生. 宋人執以問其以. 華子曰, 曩吾忘也, 蕩蕩然不覺天地之有無. 今頓識, 旣往數十年來存亡得失, 哀樂好惡, 擾擾萬緖起矣. 吾恐將來之存亡得失, 哀樂好惡之亂吾心如此也. 須臾之忘, 可復得乎".(『열자列子』 권3 「周穆王篇」)

* 1522~1591, 유명幼名은 与四郞, 호는 宗易, 리큐거사라는 호는 다이쇼(大正)13년 오오기마찌(正親町)천황에게 하사받은 것이다. 모모야마(桃山)시대 최고의 다인茶人으로, 토요토미 히데요시(豊臣秀吉)의 사도(茶頭)를 지내면서 정치적으로도 큰 영향을 끼쳤던 인물이다.

** 일본 예능의 하나로 能(가면음악극)와 狂言(能의 막간에 상연하는 희극)을 총칭하는 말(협의로는 能만을 말함).

*** 1363~?. 유명幼名은 鬼夜叉, 통칭은 觀世三郞. 실명實名은 元淸. 무로마찌(室町)시대 노가쿠(能樂)의 대표적 작가이자 배우로 유현미幽玄美를 이상으로 한 가무歌舞 중심의 노(能)를 창조하였다. 현재 약 70여곡이 전해지고 있다.

하였다. 그는 오이겐 헤리겔이라는 사람이었는데, 일본에 온 목적은 이른바 '일본정신'이라는 것을 연구하기 위해서였다. 그는 센다이(仙台)의 제이고등학교와 토호쿠(東北)제국대학에서 교편을 잡고 학생들을 가르치는 한편, 이 연구에 몰두하였다. 그런데 일본정신에 관해 독일처럼 철학적으로 해설해 놓은 서적이 있을 리 없었다. 설령 있다고 해도 그것은 본래 체험을 중시하는 것이기 때문에 절실한 체험을 쌓지 않는 한 서적을 읽는 것만으로는 알 수 있는 성질의 것도 아니었다. 그런데 마침 누군가가 일본의 궁술을 배우면 그것을 알 수 있을 것이라고 말해 주었고, 그는 곧바로 궁술을 배우기로 하였다. 그 때 사사받은 사람이 바로 아와(阿波)라고 하는 사범이었다. 헤리겔은 그 선생 밑에서 수년간 궁술을 연마했다. 선생은 궁술의 극치는 마음에 있다고 여겼다. 즉 그것은 기술[技]이 아니라 '마음'이라는 생각을 갖고 있었던 것이다. 따라서 활을 당길 때에도 팔에 힘을 주면 안 되고 마음으로 당기라고 가르쳤다. 그런데 헤리겔은 신칸트학파의 철학자였기 때문에 사물을 합리적으로 생각하는 경향이 특히 강하였다. 그러므로 활은 어디까지나 기술이었고 따라서 합리적인 방법으로 연습을 거듭하면 반드시 그 깊은 곳에 달할 수 있다고 생각하였다. 그래서 팔에 힘을 주지 않고 어떻게 활을 당길 수 있느냐는 등 항시 비판적 태도를 취하면서 스승의 가르침에 순순히 따르지 않았다.

이런 그였기 때문에 수행 역시 용이하지 않았다. 연습이 거듭됨에 따라 다양한 지도법이 첨가되었는데, 그는 거기에 의문을 품으면서도 어떻든 수행을 계속하였다. 그러나 마음속으로는 아직 합리주의를 버리지 않았고, 따라서 기술의 궁극을 마음으로 돌리는 것에는 의문을 품지 않을 수 없었다. 그러는 동안 활솜씨가 능숙해지면서 드디어 과녁을 향해 화살을 날릴 수 있는 단계에 이르렀다. 물론 그는 과녁을 겨냥하여 그 한 가운데에 화살이 꽂히도록 열심히 노력하였다. 그 모습을 본 아와선생은 '과녁을 겨냥하여 그것을 맞히려고 하면 안 된다. 과녁을 쏘는 것은 자신이 아니라 신이나 부처다. 자기가 과녁을 쏘는 것이 아니라 과녁이 과녁을 쏘는 것이다. 먼저 쏘려고 하는 마음,

맞히려고 하는 마음을 무無로 하라. 무심무아가 되라'는 등 헤리겔로서는 도대체가 이해 할 수 없는 말들을 하였다. 이러한 가르침에 많은 의문을 품고 있었지만 어쨌든 스승의 가르침에 따라 무심이 되고 무아가 되려고 노력하였다. 그러자 선생은 이번에는 그것도 안 된다고 말하는 것이 아닌가! 그는 어리둥절해졌다. 우리 일본인에게는 아와선생이 무엇을 가르치려는지 쉽게 이해될 수 있겠지만, 헤리겔은 그렇지 못했다. 선생의 말은 선禪에서는 통상적으로 말해지는 전혀 신기하지 않은 것이었지만, 합리적 사고를 벗어나지 못한 그에게는 이해하기 어렵기만한 것이었다. 여하튼, 기술은 기술이지 결코 마음이 아니다. 따라서 기술을 거듭 연마하면 반드시 과녁에 명중시킬 수 있다는 생각에서 벗어나지 못하고, 오로지 그 입장에서 연습에 연습을 거듭하였다. 결국 선생은 기술의 궁극은 기술이 아니라 마음임을 실제로 입증해 보였다.

아무 것도 보이지 않는 어느 깜깜한 밤 선생은 그를 궁도장으로 데리고 갔다. 과녁이 있는 곳에 불에 타고 있는 한 개의 향을 세워놓고 이쪽에서 한 쌍의 화살을 날렸다. 그 결과는 어땠을까? 한 대의 화살이 과녁의 정 중앙에 꽂혔다. 그러나 명궁으로 불리는 선생이었으므로 그것만으로는 딱히 놀랄 일도 아니었다. 그런데 신기하게도 나머지 한 대의 화살 역시 다른 화살의 축을 정확히 둘로 가르면서 과녁의 정 중앙을 맞히고 있는 것이 아닌가! 이것은 신기神技라고 밖에 달리 할 말이 없었다. 선생은 헤리겔을 향하여 "이렇게 어두운 밤, 아무리 궁예에 익숙해져 있다 하더라도 이와 같은 기예가 가능하겠는가? 이것은 내가 쏜 것이 아니라 신 또는 부처가 쏜 것이다"고 말하면서, 기예의 궁극은 무심이고 무아의 마음이며 따라서 절대무의 마음으로 돌아가야만 함을 깨우쳐 주었다. 이때 비로소 헤리겔은 마음이 개안開眼하여 일본의 신비주의에 심복하게 되었던 것이다. 그는 이러한 마음을 선禪의 무심無心으로 간주하고 선을 통해 궁도를 설명하였다. 그리고 유럽 각지를 돌며 이 깨우침을 강연하였다. 오늘날 구미에 일본의 선이 유행하고 있는 것에는 헤리겔의 노력이 한 자리를 차지하고 있을 것임에 틀림없다.

무심의 마음이 기예의 궁극이라는 주장은 고대 중국의 『장자』나 『열자』에도 보인다. 그러나 대부분의 경우 그것은 그들의 초월사상을 설명하기 위한 우화에 지나지 않았다. 그것이 사실로 입증된 것은 일본인의 손에 의해서였던 것이다. 이것은 일본 근세의 일인데 당시에는 이 마음을 선과 연계하여 설명하는 경우가 많았다. 그러나 그 중에는 선에 반대했던 송학宋學의 원리에 의해 설명하는 자들도 있었다. 사견이지만, 엄밀히 말하자면 후자가 옳은 것처럼 여겨진다. 여하튼 선의 마음이 예능과 기예의 근본이라고 하는 것이 일반적이었다. 다선일미茶禪一味라던가 검선일미劍禪一味라는 말이 그것을 잘 보여준다. 이러한 풍조가 생긴 것도, 다도에 있어서는 쇼오(紹鷗), 리큐(利休), 검도에 있어서는 타쿠앙선사(澤庵禪師)* 등의 노력 덕분이라고 할 수 있다. 타쿠앙은 당시 천하의 시난반(指南

---

* 에도 초기 임제종의 승려 타쿠앙 소호(澤庵宗彭, 1573~1646)을 말함. 타지마 이즈시(但馬國出石), 지금의 효고(兵庫)현 출신으로 분사이 도닝(文西洞仁)에게서 학문을 배웠으며, 이츠토 쇼세끼(一凍紹滴)에게서 '타구앙'이라는 도호道號를 받았다. 시나가와토가이지(品川東海寺)의 개산開山으로 저서에 『부동지신묘록不動智神妙錄』이 있다.

番)*이었던 야규 무네노리(柳生宗矩)**를 위해 『부동지신묘록不動智神妙錄』 『태아기太阿記』 등의 서적을 저술하여 검의 극치가 선심禪心에 있음을 가르쳤다. 이후, 검의 극의極意를 궁구하려고 생각한 자는 참선한 자들이 대부분이었다. 여하튼 이처럼 초월도가 기예나 예능과 직접 결합된다고 하는 점은 매우 흥미로운 것임에 틀림없다.

초월주의에서는 인간의 정욕뿐만 아니라 지식조차도 인간의 성性을 미혹시키는 것으로 간주한다. 다음에 인용한 『장자』중의 '혼돈渾沌'에 관한 일화는 그 일단을 잘 보여주고 있다.

> 남해의 제왕과 북해의 제왕이 어느 날 혼돈이라는 중앙의 제왕을 찾아가 만났는데, 혼돈이 매우 융숭하게 접대했다. 이에 남해의 제왕과 북해의 제왕은

---

* 다이묘(大名)를 섬기면서 무예를 가르치던 직책.

** 1571~1646. 에도 전기의 유명한 검술가로 토쿠가와 히데타다·이에미쯔(德川秀忠, 家光)를 보좌하여 병법사범에 종사하였는데, 이러한 공로를 인정받아 야규(柳生)가의 개조가 되었다. 저서에 『병법가전서兵法家傳書』 등이 있다.

어떻게 하면 그의 은혜에 보답할 수 있는가를 의논했다. 혼돈에게는 보통 사람들처럼 보거나 듣거나 먹거나 냄새맡는 7개의 구멍이 없다는데 생각이 미치자, 곧바로 그의 몸에 7개의 구멍을 뚫어주기로 하였다. 그래서 매일 하나씩 구멍을 뚫었는데 (구멍을 모두 뚫은) 7일째가 되자 그만 혼돈이 죽고 말았다.*

여기에 보이는 '혼돈'은 물론 절대일자絕對一者인 도의 궁극을 말하는 것으로, 인지人知의 분석을 허용하지 않고 인지를 초월해 있는 것, 따라서 인지의 메스를 들이대면 오히려 그 진상에서 멀어지는 것임을 말하기 위한 것이다. 참고로 인지를 초월한 지知를 노장에서는 '명明'이라 하고 불가에서는 '불지혜佛智慧'라고 한다. 바로 여기서 '부지不知'의 요체가 설해지게 되는 것이다. 같은 『장자』 중에 다음과 같은 우화가 보인다.

---

* 南海之帝爲儵, 北海之帝爲忽, 中央之帝爲混沌. 儵與忽, 時相與遇於混沌之地, 混沌待之甚善. 儵與忽謀報混沌之德. 曰, 人皆有七竅, 以視聽食息. 此獨無有, 嘗試鑿之. 日鑿一竅, 七日而混沌死. (『장자』 응제왕應帝王). 위 본문의 인용은 생략되거나 의역되어 있는데, 번역은 본문에 따랐다.

지知가 북녘에 놀러 갔을 때 우연히 무위위를 만났다. 이에 지가 무위위에게 물었다. "어떤 생각을 하고 어떤 행동을 하면 도를 알 수 있습니까?" 같은 질문을 세 번 반복하여 물었지만 무위위는 아무런 응답이 없었다. 그것은 알고 있으면서 말하지 않은 것이 아니라, 알고 있어도 어떻게 답해야 할지 말할 방도가 없었기 때문이었다.*

장자는 다른 곳에서도 부지不知의 우화를 언급하고 있는데, 이 우화는 도가 인지를 초월한 것임을 보여주기 위한 것이었다. 위의 문장을 이어 장자는 다음과 같이 말한다.

---

* 이 부분도 원전과 비교하여 상당히 생략되어 있거나 의역되어 있다. 참고로 원전의 전문을 기술하면 다음과 같다(본문에 보이는 다음 인용문의 원전도 여기서 함께 기술). 知北遊於玄水之下. 登隱弅之丘, 而適遭无爲謂焉. 知謂无爲謂曰, 予欲有問乎若. 何思何慮, 則知道. 何處何服, 則安道. 何從何道, 則得道. 三問而无爲謂不答也. 非不答, 不知答也. 知不得問, 反於白水之南. 登狐闋之上, 而睹狂屈焉. 知以之言也, 問乎狂屈. 狂屈曰, 唉. 予知之. 將語若, 中欲言, 而忘其所欲言. 知不得問, 反於帝宮. 見黃帝而問焉. 黃帝曰, 无思无慮, 始知道. 无處无服, 始安道. 无從无道, 始得道. 知問黃帝曰, 我與若知之, 彼與彼不知也. 其孰是邪. 黃帝曰, 彼无爲謂眞是也. 狂屈似之. 我與汝終不近也.(『장자』 「지북유」)

지는 남녘으로 와 광굴을 만나자 같은 질문을 하였다. 그러자 광굴은 그것을 알고 있다고 하면서도 입으로 말하고자 하면 말하고자 했던 것을 잊어버렸다. 할 수 없이 지는 황제에게로 돌아와 황제를 만나 같은 질문을 하였다. 그러자 황제는, 그것은 사념이나 인위가 제거되야 비로소 알 수 있는 것이라고 가르쳐 주었다. 그러면서 도에 대해 부지한 무위위야말로 참으로 도를 아는 자이고, 그 다음으로는 알고 있으면서도 도중에 그것을 잊어먹는 광굴이라고 하였다. 그리고 당신과 나는 그들에게는 훨씬 미치지 못하니, 그것은 함부로 지知를 들먹이기 때문이라고 하였다.

『노자』 중에 "아는 자는 말하지 않고, 말하는 자는 알지 못한다"는 말이 있다. 『장자』의 이 우화는 이러한 『노자』의 정신을 드러내고자 한 것이었다.

'부지不知'라는 말에서 금방 생각나는 것은, 『벽암록碧巖綠』이라고 하는 선적禪籍의 첫머리에 실려 있는 양무제梁武帝와 달마達磨의 다음과 같은 문답이다.

무제 : 선禪의 깨달음의 궁극은 어떤 것인가?
달마 : 텅비어 아무 것도 없습니다(성聖도 속俗도 없습니다).
무제 : 지금 내 앞에서 나와 마주하고 있는 달마화상은 도대체 누구란 말인가? 도를 깨달은 성자가 아니던가?
달마 : 불식不識(그 따위 알 리가 없습니다).*

달마의 '불식不識'이 『장자』의 '부지'와 상통하는 것임은 일견하는 것만으로도 충분히 알 수 있을 것이다. 원래 선禪은 중국적 특색을 현저히 띄고 있는 것으로, 한마디로 중국불교라고도 할 수 있는 것임은 많은 전문가들이 지적한대로이다. 그리고 그 근저에는 노장이 있다고 봐도 좋다. 즉 앞에서 서술한 '망아'라던가 혹은 '부지'라고 하는 것이 뒤에 선에 차용된 것으로 볼 수 있는 것이다. 양자는 모두 초월주의이기 때문에 정靜의 입장에 있지만, 현실의 사회생활에 대한 관심

---

* 梁武帝問達磨大師, 如何是聖諦第一義. 磨云, 廓然無聖. 帝曰, 對朕者誰. 磨云, 不識. (『벽암록』第一則「달마확연무성達磨廓然無聖」)

에서 보자면 그 중에서도 노장은 동적이고 선은 정적이라고 말할 수 있다. 그러나 깨달음의 방법에서 보면 오히려 노장이 정적이고 선이 동적이다. 이것은 『장자』의 부지不知에 대한 우화와 달마의 불식不識에 대한 언급을 비교하면 쉽게 이해할 수 있을 것이다. 우리는 달마의 '불식'에서 '일초직입—超直入'의 선기禪機가 작동하고 있음을 느낀다. 이 두 글자는 참으로 사람을 죽이는 칼이면서 동시에 사람을 살리는 검이다. 일거에 인지人知를 끊어내어 순간에 불지혜로 인도하는 예리한 칼이라고 할 수 있는 것이다.

요가와 선정禪定

중국에서 정좌가 마음의 고요함을 추구하는 가장 적절한 방법으로 간주되고 나아가 심원한 철학으로 여겨지게 된 것은 훨씬 뒤의 일이지만, 인도에서는 태고적부터 그와 같은 방법이 행하여져 정좌에 의해 깊은 명상에 잠기곤 했다.

요가가 바로 그것이다. 전문가의 말을 빌려 요가의 개략을 설명하기로 하자. 요가는 한역漢譯으로 '유가瑜伽'라 하는데, '상응한다'는 의미를 나타낸다. 본래는 '결합'이라는 의미를 갖는 것이었다고 생각되나, 후에는 다양한 의미로 사용된다. 일반적으로 요가라고 하면 자세를 바르게 하고 호흡을 조절하며, 오감五感을 제어하고 심신心身을 통일시킴으로써 초자연적 힘을 얻기 위한 수행을 의미한다. 그것을 행하는 자를 '요가행자行者'라 하고 그것을 완수한 자를 '모니牟尼'라 불렀다. 인도에서는 오랜 옛날부터 삼림이나 나무 아래 정좌하여 명상에 잠기는 풍습이 있었기 때문에 요가도 거기에 따랐다. 요가는 처음에는 간단하였던 것 같다. 그러나 시간이 지나면서 매우 복잡해져, 호흡의 방법, 감각의 정돈법, 삼매에 드는 방법 등이 다양하게 설해지기에 이르렀다. 그리고는 이윽고 철학의 주제가 되어 해탈의 도로 간주되었던 것이다.

이와 같은 요가는 불교, 자이나교, 바라문교 등 각 종교에 도입되었다. 불교에 도입된 것은 선정禪定으로 발전하여 선종의 기초를 이루게 된다. 그러나 요가 또한 불교 등의 영향을 받아 철학의 한 맥을 형성하게 된다. 그당시 요가의 수행은 다음과 같은 여덟가지로 요약된다.

01 금계禁戒 : 이것은 행行에 들어가는 예비적 단계로, 일상생활에서 도덕률을 따르는 것을 의미한다. 여기에는 불살생不殺生, 진실眞實, 부도不盜, 정결貞潔,

무소유無所有라는 다섯 가지 계율이 있다.

02 권계勸戒 : 이것도 금계와 마찬가지로 아직 예비적 단계에 속하는 것으로, 정의情意의 작용인 번뇌를 억제하는 근본적 방법이다. 청정淸淨, 만족滿足, 고행苦行, 학습學習 및 최고신에의 귀의 등이 있다.

03 좌법坐法 : 신체를 평안히 하여 부동不動하게 하기 위한 자세의 방법으로, 선에서 말하자면 결과부좌와 같은 것이다.

04 조식調息 : 호흡을 조절하는 것으로 호기呼氣와 흡기吸氣 사이에 잠시 정지상태를 두어 호흡을 조절한다. 이것은 단전호흡과 같은 것이다.

05 제감制感 : 감각을 제어하여 외계의 자극에 의해 마음이 평정을 잃지 않도록 하는 것이다.

06 집지執持 : 마음을 한 곳에 집중시켜 관념이나 표상을 제어하는 것이다.

07 정려靜慮 : 잡념을 없에어 마음 전체가 한 점에 집

중되도록 하는 것이다.

08 삼매三昧 : 모든 의식이 대상과 일치하도록 하는 것, 즉 대상과 자아가 일치하여 양자의 구별이 없어지도록 함으로써 대상만이 빛을 발하고 마음은 공空처럼 되는 것이다. 삼매에도 깊고 얕음이 있다. 예를 들어 유상삼매有想三昧와 무상삼매無想三昧가 있는데, 전자는 아직 대상의 의식이 동반되므로 그만큼 의식에 속박된다. 그러므로 거기에는 마음의 작용이 잠재하고 있다고 보지 않으면 안 된다. 그런데 후자는 대상에 대한 의식이 수반되지 않으므로 공空에 돌아가고 단지 잠재력만이 남게 된다. 그리고 여기에서 한 발 나아가 의식하의 활동조차 정지되면 비로소 해탈을 얻는다. 이것이 참된 요가이다. 이때 수행자는 불가사의한 지식이나 능력을 얻게 된다고 한다.

이 중 07은 선정에 해당되는 것인데, 그 방법에 관해서 요가는 다양한 입장을 갖고 있다. 결국 요가는 정좌명상의 수행법으로, 인간의 고통으로부터 해탈하여 절대의 경지에 들어가기 위한 것이며, 그 방법은 조신調身, 조식調息, 조심調心의 셋으로 귀결된다고 하겠다. 그리고 불교의 선정에도 이러한 방법이 도입되어진다.

선이라고 하는 글자는 선나禪那의 약자이다. 선나는 그 의미상 정려靜慮로 번역되었는데, 그것은 념려念慮를 안정安靜되게 하고 일심一心을 통일하여 진리를 정관靜觀하는 것이다. 좌선이란 그 방법의 형식을 말하는 것이다. 불교에서는 선정을 계율, 지혜와 함께 삼학三學의 하나로 중시하였다. 주지하듯이 불교에는 소승불교와 대승불교가 있는데, 소승불교에는 소승불교의 선이 있고 대승불교에는 대승불교의 선이 있다. 또한 대승불교의 선이라 하더라도 그 종파에 따라 다양한 특징을 갖고 있어 일괄적으로 말할 수는 없다. 예를 들어 법상종法相宗, 삼론종三論宗, 천태종天台宗, 화엄종華嚴宗, 진언종眞言宗, 선종禪宗에서는 제각기 다소 다른 선을 주장한다. 선종 이외에는 모두 수행에 상하의 단계를 두고 밑에서부터 점차 위로 발전해가는 형태를 취한다. 이것을 점수漸修라고 한다. 이에 반해 선종에서는 직지인심直指人心, 견성성불見性成佛, 즉심즉불卽心卽佛이라고 하여 마치 날개 없이 날고 다리 없이 달리듯이 우리 마음이 본래 부처임을 일거에 깨닫고자 한다. 이것은 정혜불이定慧不二 즉 선정과 불지혜가 하나가 된 활발한 작용을 선이라 하는 것으로, 점수의 선에 대하여 돈오의 선이라고 한다. 당의 규봉종밀선사圭峰宗密禪師는 돈오의 선을 최상승의 선으로 규정하고 여래선如來禪 또는 달마정전達磨正伝의 선이라고 하였다. 그러나 종밀이 말하는 선도 후대에는 직오直悟를 본지로 하는 달마선과 구별하여 달마정전의 선을 조사선祖師禪이라고 부르게 된다.

인도사상과 중국사상을 비교해보면, 인도사상은 사변적임에 반해 중국사상은 실천적이라고 할 수 있으며, 또한 전자는 명상적임에 반해 후자는 현실적이라고 할 수 있다. 선도 인도에서 중국에 전래되고부터는 중국전통사상과 습합하여 실천적·현실적 성격을 띠게 된다. 중국선이 확립된 것은 6대조 혜능慧能에 이르러서였다. 그에 의해 불립문자不立文字, 교외별전敎外別傳이 설해지면서 이른바 중국적 선이 성립되는 것이다.

선禪과 동정動靜

앞서 살펴보았듯이 달마의 선에는 선기禪機가 있었지만, 후대의 선과 비교하면 아직 약한 편이었다. 후대에 이르면 선기가 점점 활발해지고 그 결과 선문답도 기상천외한 것이 허다해진다. 더구나 문답에만 머물지 않고 여러 동작으로 선기를 발휘하곤 하였는데, 당대의 구지俱胝화상이 그 대표적 인물이다. 그는 무주婺州에 살고 있었는데 유별난 선종으로 사람들로부터 질문을 받으면 언제나 한 손가락을 세워서 가르침을 전했다. "부처란 어떤 것입니까?", "조사가 서쪽에서 온 뜻은 무엇입니까?", "화상의 가풍은 어떠합니까?", "도란 어떤 것입니까?" 등등을 물어도 언제나 한 손가락을 세워 시교示敎할 뿐이었다. 나아가 한 손가락의 뜻이 무엇인지 물어도 마찬가지로 한 손가락을 세울 따름이었다. 그는 이와 같은 독특한 방법으로 선풍을 크게 진작시켰다. 동산洞山이라고 하는 선승은 "부처란 무엇입니까?"하는 질문에 "삼마 세 근"이라고 답하였다. 왜 이런 답을 한 것일까? 그 유래는 전혀 알 수 없다. 마침 그 때 동산이 호마胡麻를 말리고 있었기 때문에 그렇게 답했다고도 하고, 또는 그 때 마를 묶고 있었기 때문에 그렇게 답했다고도 말해진다. 그러나 그것은 아무래도 좋다. 요컨대 마가 부처인가, 부처가 마인가. 깨달은 자에게는 부처도 마이고 마도 부처임을 가르친 것이리라.

장자는 도를 고원한 것이라고 보는 자에 대하여, 도는 자갈이나 기와 가운데 있으며 나아가 더욱 하찮은 똥 오줌에까지 도가 있다고 하여 사람들을 놀라게 하였는데, 하물며 만법일심萬法一心을 말하는 선이야 접하는 모든 것이 부처임은 오히려 당연한 것이었다. 동산의 '삼마 세근'은 바로 이것을 깨닫게 하기 위한 것이었다. 선은 '이심전심以心傳心' 즉 마음에서 마음으로 전해지는 것, 마치 소리[聲]와 울림[響]처럼 가르치는 자와 가르침을 받는 자가 일심동체로 거기에 있는 것은 오로지 부처의 세계뿐이라고 말하지 않을 수 없었을 것이다.

조주趙州는 승려의 질문에 '무無'라고 답하였으며, 운문雲門은 '마른 똥막대기(건시궐乾屎橛)'라고 답하였다. 게 중에는 서서 상대를 밀쳐버리거나, 또는 상대에게 배례하거나, 총채(불자拂子)를 휘두르거나, 대갈일성하거나, 몽둥이를 쥐거나 하여 깨달음을 얻게 한 자들도 있다. 이처럼 요란스럽고 과장된 행위를 하기 때문에 송대의 유자인 주자는 그것을 비난하여 '경천동지驚天動地'라고 하였는데 적절한 표현이라고 하겠다. 그러나 후대의 선이 모두 이와 같은 것은 아니었다. 위에서 언급한 것은 임제선臨濟禪이 대부분이고 조동선曹洞禪에는 비교적 적었다. 양자를 비교하면, 전자는 동적이고 후자는 정적이라고 할 수 있다. 부연 설명하자면 전자는 동중動中에서 정靜을 구하였고, 후자는 정중에서 동을 구하였다. 송대의 걸승 대혜종고大惠宗杲나 일본의 하쿠잉화상(白隱和尚) 등은 임제계의 승려인데, 그들에 의하면 정처에서 정을 구하는 것 즉 정처의 깨달음은 용이하지만 동처에서 정을 구하는 것 다시 말해 동처의 깨달음은 매우 어렵다고 한다. 그럼에도 불구하고 어디까지나 동처에서 정을 구해야 비로소 참된 정을 얻을 수 있고, 동처의 깨달음이야말로 참된 깨달음이 된다. 참된 정은 동정에 통하는 것인데, 정처에서 그것을 얻는다 하더라도 동처에서 잃어버리는 경우가 허다하기 때문이다.

선은 앞서 언급했듯이 정혜불이定慧不二를 주장하지만 좀 더 자세히 보면 정定에서부터 거기에 달하려는 것과 혜慧로부터 거기에 달하려는 것으로 나누어 볼 수 있다. 간화선看話禪과 묵조선黙照禪을 들어 이 문제를 논해보기로 한다. 간화선이라고 하는 것은 공안公案에 공부를 집중하여 그것이 풀리면 다시 다음의 공안을 공부한다. 이와 같이 하여 점차로 깨달음의 경지[悟境]를 열고 마침내 대오大悟에 달하도록 하는 선풍禪風이다. 공안이란 선종에서 수도자에게 제시하여 연구하도록 하는 문제를 말한다. 예를 들어 '조주의 무無자 공안' '박수자拍樹子의 공안' 등이 그것이다. 그렇다면 어떠한 것들이 공안이 되는 것일까? 옛 성현의 언행이나 오도득법悟道得法의 이야기 즉 화두話頭가 공안이 되는데, 이것들은 모두 사람들이 법식으로 삼거나 의칙儀則으로 삼아야 할 것으로, 마치 정부의 공문서나 국가의 법령과 같은 권위를 갖는다고 생각되었다. 공안이 성행하였던 것은 선이 난숙기에 접어들었던 송대로, 당대에는 아직 별로 사용되지 않았었다. 송대에는 옛 공안을 자신의 견식으로 비평하는 풍조도 성행하였다.

공안을 중시하는 '간화선'은 송대 동산洞山 문하의 천동굉지天童宏智가 임제계의 승려 대혜종고의 선풍을 평하여 한 말인데, 묵조선과 비교하면 혜慧를 우선하고 정定을 뒤에 두는 경향이 있다. 묵조선이라고 하는 것은 대혜大慧가 굉지의 선풍을 평하여 한 말로, 그에 의하면 굉지의 선은 오로지 묵좌에 집착하여 생생한 것을 전혀 갖지 못하며, 단지 묵좌하여 반조하는데 지나지 않는다고 한다. 묵조선은 간화선과 비교하면 정을 우선시 하고 혜를 뒤로 하는 경향이 있다. 또한 간화는 적극적이고 묵조는 소극적이라고 할 수 있다. 양자 모두 각각 장단점이 있다. 간화는 공안의 구명에 집착하여 자칫하면 봉을 쥐거나 대갈일성하여 광태狂態를 연출할 위험이 있고, 묵조는 묵념정적默念靜寂에 빠져 발랄한 선기를 잃고 마침내 퇴영적으로 변할 위험이 있다. 이것을 노장과 비교하면 정적인 점에 있어 묵조와 노장은 상통하는 점이 있다고 할 수 있다.

선은 정혜불이의 입장을 취하지만 그렇다고 규범이 없는 것은 결코 아니다. 어떤 의미에서는 선만큼 규칙規則이 까다롭고 엄한 것도 없다. 따라서 선종은 계율이 엄격하다. 원래 정定을 갖고 계혜戒慧를 일관하는 곳에 선의 선된 이유가 있다. 계戒는 잠시 제쳐두고 정과 혜에 관해서만 말하자면, 정혜불이이므로 정중에 혜가 있고 혜중에 정이 있다고 할 수 있는데, 선은 정중에 혜가 있다는 입장이다. 그 중에서도 묵조는 정을 주로 하고 간화는 혜를 주로 한다.

선도 중국전통사상이나 풍습 등과 습합하여 중국적 성격을 발전시켜 왔다. 선종이 총림叢林의 집단생활 속에서의 예속을 중시하고 거기서 선의 정신을 드러내려고 한다거나 선을 세간법이라고 하거나 또는 유교, 도교, 불교의 삼교일치를 논하거나 하는 것 등이 그 예이다. 원래 초월주의는 출세간법이다. 그러나 노장과 불교를 비교하면 불교는 문자 그대로 출세간적이고 그에 비해 노장은 세간적이다. 노자와 장자를 비교하면 노자 쪽이 한층 세간적이라고 할 수 있다. 그러나 인도사상과 중국사상을 비교하면 같은 불교라도 인도는 출세간적이고 중국은 세간적이다. 중국인은 본래 현실적 민족이라 말해지는데, 선도 중국민족의 전통문화와 접촉하는 시간이 길어짐에 따라 그 영향을 받는 정도가 강해져 왔다. 그 결과 예를 들어 대혜종고는 원래 출세간적 선을 설하면서도 '입세간이 곧 출세간'이라고 하는 태도를 취했다. 그는 다음과 같이 말한다.

> 불법은 출세간이라고 말해지지만 입세간이 가능하면 출세간은 용이하다. 세간법은 불법佛法이고 불법은 세간법이다. 천성天性은 아버지이건 자식이건 다름이 없다. 그러므로 자식이 죽으면 아버지는 자식을 생각하면서 고뇌하고, 아버지가 죽으면 자식은 아버지를 생각하면서 고뇌하는 것이다. 만일 이러한

정情을 억제하여 사자死者에 대해 슬퍼해야 할 때에도 슬퍼하지 않고, 사념을 다해야 할 때에도 그렇지 못하면 이는 천리를 어기고 천성을 멸하는 것이다.

따라서 대혜는 인간 공동생활의 도인 인의예지를 인간의 본성으로 간주하고, 거기에 따르는 것이 불도임을 역설하였다. 당시 정치의 요직에 있던 자들 중 대혜에게 사사한 자가 많았는데, 대혜는 그들에게 정치에 정진하는 길에 곧 정토淨土가 있음을 설하였다. 그가 입세간이 곧 출세간이라는 논리를 제시한 이유의 하나가 바로 여기에 있었던 것이다. 그렇다면 사람이 이 세상에서 살아가기 위해 필요한 지식도 불교에서는 중요한 것이 될 것이다. 이러한 맥락에서 남송의 혜개慧開는 "소위 열반의 마음은 밝히기 쉽지만 차별지는 밝히기 어렵다. 그것을 밝힐 수 있다면 가家도 국國도 저절로 안태安泰하게 될 것이다"고 말했던 것이다.

좌선과 조식調息

선이라고 하면 좌선을 떠올리고 좌선이라고 하면 선을 떠올릴 정도로 좌선은 선종의 가장 중요한 핵심이다. 그렇다면 좌선은 어떻게 하는 것일까. 거기에는 일정한 규칙이 있는데, 앉는 방법, 다리를 접는 방법, 손을 두는 방법 등의 차이에 따라 결가부좌結跏趺坐, 반가부자 혹은 강마좌降魔坐, 길상좌吉祥坐 등의 종류가 있다. 그 중 결가부좌가 가장 일반적으로 사용된다. 그것은 오른쪽 다리를 들어 왼쪽 다리 위에 두고, 다시 왼쪽 다리를 접어 오른쪽 다리 위에 둔다. 그리고 발목이 배꼽 아래 정 중앙에서 교차하도록 한다. 손은 왼쪽 다리 위에 오른손을 벌려서 손바닥이 위를 향하도록 놓고, 그 위에 왼손을 마찬가지로 하여 포개놓는다. 양 손의 엄지손가락이 서로 마주보고 그 끝이 서로 받쳐주면서 원을 그리도록 한다. 양 팔꿈치는 편안하게 떨어뜨려 경직되지 않게 한다. 등은 곧게 펴고 턱은 조금 당겨 정수리가 천정을 향하도록 한다. 이렇게 하면 자연히 양 귀가 양 어깨와 상대하고, 코가 배꼽과 상대하여 수직의 형태를 취하게 된다. 이것이 결가부좌이다.

정좌하여 명상에 잠길 때는 두 눈을 감지만, 좌선의 경우는 통상 눈을 감지 않는다. 평상시처럼 뜨고 있으면 마음이 밖으로 분산되기 때문에 좋지 않지만, 그렇다고 눈을 내리뜨거나 감거나 하면 오히려 망상에 빠지거나 졸음이 오기 때문에, 좌선에서는 눈을 반쯤 감고 한 척尺 정도의 앞을 본다. 물론 입은 꽉 다물어 입술을 밀착시킨다. 그런 다음에 다시 입을 열어 크게 숨을 쉬면서 몸을 좌우로 흔들면서 자리를 편안히 만든다. 단 처음에는 많이 움직이고 점점 작게 하여 마지막에 멈추어 자리의 중심을 정한다. 좌선이 끝나고 일어날 때에는 이와 반대로 하면서 자세를 흐트러뜨리고, 왼손을 먼저 내리고 나서 오른손을 자리에 대고 천천히 일어나면 된다.

좌선은 조심調心이 목적이지만 조심을 위해서는 조신調身과 조식調息이 중요한 것으로 간주되어, 일찍부터 이 셋을 혼연일체로 생각하여 왔다. 그렇다면 조식은 어떻게 하는 것일까. 한마디로 말해 단전호흡을 하는 것이다. 코로 호흡을 하면서, 들숨과 날숨을 모두 미세하게 하여 숨을 쉬고 있는지 쉬지 않고 있는지 모를 정도로 고요한 호흡을 행한다. 이때 들이쉰 숨은 아랫배로 밀어내려 배꼽 밑 단전(하단전)에 머물게 한다. 거기서 잠시 정지하고 나서 들이쉴 때와 마찬가지로 고요하게 숨을 토해낸다. 단 무리하지 않고 자연스럽게 행한다. 이 조식에 관해서 규봉종밀은 다음과 같이 말하고 있다. "숨의 출입에 소리가 있는 것이 풍風. 출입의 숨이 막혀 통하지 않는 것이 천喘. 출입의 숨이 세밀하지 않은 것이 기氣이다. 풍, 천, 기는 부조不調의 표시이다. 소리도 없고 막힘도 없고 거칠지도 않으며, 출입시에는 숨이 끊어지지 않고 이어지면서도 쉬는 듯 쉬지 않는 듯하고 마음이 평온하며 정情이 안락한 것이 조식의 징표이다".

조식은 또한 조기調氣의 방법이기도 한데, 중국에서도 옛날부터 양생養生이나 양심養心에 매우 중요한 것으로 여겨져 왔다. 『장자』에 발꿈치로 숨을 쉰다는 이야기가 있는데—이것은 성인의 일로 여겨졌다—이것은 아마 종밀의 '숨을 쉬는 듯 쉬지 않는 듯'한 깊은 숨과 비슷한 것이 아닌가 생각된다. 도가에서는 일찍부터 양생법으로서 조식법이 많이 사용되었다. 도가의 양생법에 도인술導引術이라고 하는 것이 있다. 명대의 왕양명은 젊었을 때 몸이 허약했기 때문에 이 도인술을 행했다고 한다. 이것은 복이服餌(선약을 먹는 것), 방중房中(성교의 금기와 방중약을 먹는 것)과 함께 중시되었다. 처음에는 요즘의 굴신체조屈伸體操처럼 목이나 신체의 관절을 움직여 몸의 혈행血行을 좋게 하는 방법이었던듯 한데, 후대에 조식이나 수식數息으로 발전하여 장생을 도모하게 되었다. 일본의 카이바라 엣켄(具原益軒)*은 몸이 약했던 탓인지 여기에 많은 관

---

* 1630~1714. 명은 篤信, 자는 子誠, 통칭은 久兵衛, 호는 益軒. 어렸을 때에는 가업을 계승하여 의학을 공부했으나 형의 영향으로 유학으로 전환하게 된다. 야마자키 안사이, 키노시타 쥰앙(木下順庵) 등에게 사사했다. 초기에는 육왕학을 신봉

심을 갖고 있었다. 『초학지요初學知要』에 도가의 양생법에 관해 다음과 같이 서술하고 있다.

> 양기養氣의 도는 먼저 숨을 조절하는데 있다. 숨이 조절되면 양기를 얻어 마음 또한 평안해진다. 이와 반대로 기식氣息이 조급하면 마음 또한 조급해진다. 따라서 마음을 평안히 하고 기를 조화롭게 하는 데에는 기식을 조절함이 요체이다. 말하고 일함에 있어 종용하여 급박하지 않으면 기식이 완만해지니, 이것이 마음을 평안히 하고 기를 조화롭게 하는 공부이다. 그런 까닭에 숨을 조절하고 기를 조화롭게 하는 것을 술자術者의 일로 여겨 경시하지 말아야 한다.

송대 주자의 유명한 「조식잠調息箴」에는 다음과 같이 쓰여 있다.

했으나 36세 때 『학부통변學蔀通弁』을 읽고 정주학으로 전환한다. 단 만년에는 정주학에도 의심을 품고 『대의록大疑錄』을 저술한다. 그의 학문은 역사, 시문, 어학 이외에도 양생養生, 본초本草 등의 실용학에 널리 미치고 있다. 저서로 『카이바라엣켄전집具原益軒全集』이 있다.

코 끝에 흰 부분이 있어 내가 그것을 봄에 시간과 장소에 따라 모습이 변화한다. 고요함이 지극하되 내쉼은 마치 봄날 연못 속의 물고기와 같고, 움직임이 지극하되 들이쉼은 마치 벌레들이 땅속 깊숙이 숨는 것과 같다. 천지의 기가 인온하여 개벽함에 그 묘함이 무궁하니 누가 그것을 주재하는가? 무주재의 공효, 운와천행은 내가 감히 의론할 것이 못된다. 순일함을 지켜 조화에 거함이 1,200여년이도다!*

일본의 야마자키 안사이(山崎闇齋)** 학파에 아마기 지츄(天木時中)***라는 유자가 있는데, 주자의 「조

---

* 鼻端有白, 我其觀之. 隨時隨處, 容與猗移, 靜極而噓如春沼魚, 動極而翕如百蟲. 氤氳開闢其妙無窮, 孰其尸之. 不宰之功, 雲臥天行, 非予敢議. 守一處和, 千二百歲. (『주자대전』 권85 「조식잠」)

** 1618~1682. 명은 嘉, 자는 敬義, 통칭은 嘉右衛門, 호는 闇齋 또는 垂加. 본래는 선학禪學을 공부했으나 野中兼山에게 주자학을 배우고, 1642년경 그의 권유로 불도佛道를 버리고 주자학에 전념하여 문인 수 천 명에 이르는 일본 최대 주자학파인 기문(崎門)학파를 열게 된다. 이후 주자학의 이론에 근거하여 신도神道를 풀이함으로써 이른바 '스이카류신도垂加流神道'라 불리는 학문을 이루어 놓는다. 저서에 『야마자키안사이전집山崎闇齋全集』이 있다.

*** 1697~1736. 명은 時中, 통칭은 善六, 호는 時中. 에도에 유학하여 사토 나오카다(佐藤直方)에게 사사받았다. 이후 미야케 쇼사이에 입문하여 그의 강습소(塾)를 맡아 가르쳤다. 저서에 『위빈설爲貧說』 『기앙연필기氣坱然筆記』 등이 있다.

식잠」에 주석을 달아 다음과 같이 설명하고 있다.

'코끝[鼻端]의 흰부분'은 '나'와 같은 것으로 '심중心中'이라고 한다. 호경재의 『거업록』에서는 "몸에 있는 지극히 가까운 일물一物을 본다"고 하고 있는데 그런 것으로 생각되지는 않는다. 코 끝의 흰 부분에 주목하여 가만히 거기에 마음을 모으면 이런저런 망상이 생겨나지 않게 된다. 그런 까닭에 시처時處에 호흡이 조급해지지 않고 평온해진다. '용여容與'란 『초사』왕일의 주에 "유희의 모습"이라고 있는데, 그 평온한 모습을 설명하여 고요함이 지극하되 내쉰다고 말하면서, 마치 겨우내 얼음에 갇혔던 물고기가 봄의 양기를 받아 못에로 뛰어 나오는 것과 같이 지그시 막다른데까지 거두어들였다가 일순간에 내뿜는 것과 같다고 하였다. 또한 들숨은 마치 여름과 가을에 활동하던 벌레들이 겨울이 되면 모두 땅 속으로 기어들어가 꼼짝하지 않고 동굴생활을 하듯이 단숨에 쭉 밀어내어 완전히 분산시킨 곳에서부터 다잡아 들이마시는 것과 같다고 하였다. 마음이 이것 저것 분분하면 숨을 내쉰다고 생각할 때 그대로 들어와버리고, 들이쉰다고 생각할 때 그만 뿜어 나와 버린다. 그리고 그만 숨이 조급해지는 것이다. 그것을 잘 조절하면 그 기의 출입이 편안해져 기가 신장될 것이다. '인온'은 『역본의易本義』의 "촘촘히 갈마드는 모습"이라는 말처럼 퍼졌다가 수축하는 것이고, '개벽'은 확 열려서 나가는 것이다. 이처럼 닫혔다가 열리고 열렸다가 닫혀 한번 들이쉬고 한 번 내쉼의 신묘함이 무궁함은 도대체 누가 주관하여 행하는 것인가? 아무리봐도 주관하여 행하는 주재는 보이지 않고 그러한 공용만 있을 뿐이다. 이것은 일원一元의 리理로부터 기를 낳아 호흡이 끊이지 않음을 말하는데, 그 형적이 없는 까닭에 『노자』의 말을 빌려 "주재없는 공효"라고 말한 것이다. 마지막 네 구절은 그 조식調息의 결과와 성취의 의의를 말한 것이다. 지금 이 조식의 공부를 좋아하는 것은 선술을 배우는 자들의 취지와는 다르다. 선술을 좋아하는 자들은 오곡을 먹지 않고 도인술로 몸을 단련하여 기를 배양함이 정미함에 이르면 그 찌꺼기나 더러운 때가 모두 소멸되어 오로지 청허한 기로만 되기 때문에 몸이 가벼워져 구름 위에서 잠을 자거나 하늘 위를 날아다니게 된다. 이것이 선술을 수양하는 자들의 지선至善이다. 그러나 유가에서 주목하는 곳은 그것과는 다르기 때문에 그런 곳에는 눈길조차 주지 않는다. 단지 일원의 기를 잘 지켜 흩어지지 않게 함으로써 그 기의 출입이 화합하여 손상되지 않도록 하여, 1,200년 동안 원기元氣가 계속되고 어떤 큰 일을 맞이하여서도 거기에 조식을 사용하여 피로에 지치지 않도록 하는 것에 지향점이 있다. 따라서 노자가 정신을 아끼는 것은 사적인 욕망때문이고, 유가가 정신을 사랑하는 것은 그것을 사용할 목적이 있기 때문이다. 유자는 리의理義를 갖고 마음을 배양하고자 하는 것이지, 꼭 원기를 강하게 하여 기의 배양을 이루려는 것은 아니다. 따라서 호경재 등이 그것을 위험시 했던 것이다. 일원의 리가 기를 타고 작용하여 사람(人)이 생겨남에 리를 배양하는 것은 물론이고 그 리를 어둡게 하는 기도 배양하여 기가 자연히 도의에 따르게 하는 것이다. 바로 이점을 잘 이해해야 한다.

아마기 지츄는 유자의 입장에서 조식의 뜻을 서술

하면서 그것이 도가의 조식과 그 목적을 달리하고 있음을 강조하고 있는데, 주목할 만한 주장이라 하겠다.

코끝의 흰 부분을 보는 조식법은 원래 도가에서 널리 행해졌던 것인데, 주자는 정좌하여도 잡념이 제거되지 않을 때에는 이 방법을 사용하여도 해가 되지는 않을 것이라고 언급하였다. 이 조식법이 학문의 근본이라고 여기지는 않았지만, 취할 만한 것은 취하여 응용하자는 입장이었던 것이다. 일본의 주자학자 야마자키 안사이도 이와 같은 도가의 수양법을 받아들여 "옛날 유자들도 양기를 통해 병에 걸리지 않도록 하였다. 정력을 잘 사용하는 것의 중요성은 옛 유자들도 논하고 있다"고 하면서, 주자의 「조식잠」을 인정하고 있다. 단 야마기가 말하고 있듯이, 수양을 하여 선인仙人이 될 것을 추구하지만 않으면 무방하다고 보았던 것이다.

조선의 유명한 주자학자 이퇴계에 의하면, 「조식잠」은 비식鼻息의 출입을 가르치는 것이다. 그는 심기心氣의 병에 걸린 적이 있었는데, 아무리해도 낫지 않자 이 「조식잠」을 실천하여 큰 효과를 보았다고 한다. 그 후 병만이 아니라 마음을 기르는데도 이것이 중요하다는 것을 알게 되었다고 술회하고 있다. 위에서 언급한 아마기 지츄의 「조식잠설해調息箴說解」는 쇼와(昭和)16년 6월, 히라도(平戶)번의 유자 쿠스모토 섹스이(楠本碩水)*의 문인인 오카 타다시요(岡直養)**에 의해 인쇄되었다. 그 발문에서 그는 다음과 같이 말하고 있다.

작년 여름 나는 병에 걸려 몸져눕는 신세가 되었다. 그때 카스사(上總)의 타와라 탄안(田原坦庵)으로부터 아마기 지츄가 해설한 「조식잠」을 건네받았다. 이것은 그의 스승인 이시이 슈앙(石井周庵)으로부터 받은 것이라고 하였다. 이것을 읽고 나는 매우 놀랐다. 지금까지 우를 범하고 있었던 것이다. 지금까지 60여년간을 독서해왔지만 학문했다고 할 수 없을

---

* 1832~1916. 명은 孚嘉, 자는 吉甫, 통칭은 謙三郞, 호는 碩水. 쿠스모토 단잔(楠本端山)의 동생. 히로세 단소(廣瀨淡窓), 사토 잇사이(佐藤一齋) 등에게서 사사했지만, 후에 츠끼다 모사이(月田蒙齋)의 학문을 흠모하여 형 단잔과 함께 안사이학파에 입문하게 된다. 저서에 『일본도학연원록속록증보日本道學淵源錄續錄增補』2권, 『성학요령聖學要領』1권 등이 있다.

** 자는 子直, 호는彪邨. 기몬학파에 속하는 주자학자로 저서에 『彪邨文集』이 있다.

정도였다. 학문하지 않았다는 것은 아니지만, 학문을 해도 그것을 자기 것으로 배양 해내지 못했기 때문이다. 나는 기를 배양함이 충분치 않았다. 그러니 어찌 마음의 배양이 가능하겠는가. 마음의 배양이 충분치 않으면 또한 성(性)의 배양도 불가능하다. 성의 배양이 가능하면 마음의 배양도 가능하게 된다. 그리고 마음의 배양이 가능하면 기의 배양이 가능하며, 기의 배양이 가능하면 결코 병에 걸리지 않는다. 병조차 고치지 못하는 자가 어찌 학문을 운운할 수 있으리오! 이러한 생각에 깊이 자신을 반성하였다. 그리고 의사에게 진료를 받고 약을 복용하는 동시에 음식을 절제하고 기거를 조심하며 때로는 정좌하여 코 끝의 흰 부분을 보면서 숨을 조절[調]하여 기를 기르는 일에 전념하였다. 이처럼 계속하자 이윽고 배꼽부분이 따뜻해지면서 병도 나아졌다. (중략) 그렇다고 해도 내가 장생을 목적으로 조식한 것은 아니었다. 그것은 목적을 이루기 위한 수단이었고 따라서 목적을 이루면 필요없게 되는 것이다.

주자는 가부정좌하여 조식하는 것이 병을 고치는

데 효과가 있음을 알고 그것을 사람들에게 권하였다. 예를 들어 황자경黃子耕 앞으로 보낸 서한 중에 다음과 같은 말이 보인다.

> 병중에는 사려하지 않는 것이 좋다. 일체의 모든 일을 방기하고 오로지 마음을 보존하고 기를 기르는 데에만 진력해야 한다. 단지 가부정좌하여 눈은 코끝을 응시하고 마음을 배꼽 밑에 집중하면 점차 몸이 따뜻해지면서 효과를 보게 될 것이다.*

섹스이의 형 쿠스모토 단잔(楠本端山)**도 주자의 가르침대로 행하여 병을 고친 적이 있다. 그는 다음과 같이 말한다.

---

* 病中不宜思慮. 凡百可且一切放下, 專以存心養氣爲務. 但加趺靜坐, 目視鼻端, 注心臍腹之下, 久自溫暖卽漸見功效矣.(『주자대전』 권51 「답황자경答黃子耕」 8번째 서간)

** 1826~1883. 명은 後覺, 자는 伯曉, 통칭은 覺藏, 호는 端山. 초기에는 고학과 양명학을 신봉하였으나 후에 츠끼다 모사이月田蒙齋의 영향으로 야마자키 안사이의 기몬학을 정학으로 간주하여 주자학에 몰두함. 저서에 『학습록學習錄』 『단잔문집端山文稿』 등이 있다.

나는 요즘 머리로 피가 치솟는 병에 걸려 고민했지만 뾰족한 수가 없었다. 그래서 책을 버리고 정좌하여 눈은 코끝을 응시하고 마음을 배꼽 밑에 집중하는 수행을 하였다. 이삼일이 지나자 약도 먹지 않고 나아버렸다.

좌선의 조식으로 병을 고쳤다는 것은 종종 듣는 말이다. 특히 하쿠잉화상이 노이로제와 폐병을 치료한 이야기는 유명한데, 이것은 그의 저서인 『야선한화夜船閑話』와 『원라천부遠羅天釜』에 기술되어 있다. 섹스이도 『야선한화夜船閑話』를 읽고 양생법을 알게 되었고, 그것을 실행하여 병을 고쳤던 것이다. 그는 타지마(但馬)의 유자 이케다 소안(池田草庵)*의 문인인 오카다 야이치로(岡田弥一郞) 앞으로 보낸 서한 중에서 다음과 같이 기술하고 있다.

---

* 1813~1878, 명은 緝, 자는 子敬, 통칭은 禎藏, 호는 草庵. 相馬九方에게 사사하여 주자학을 신봉하였으나, 양명학자인 카스카 센앙春月潛庵과 교유하면서 양명학에도 관심을 가졌다. 저서로 『이케다소앙선생저작집池田草庵先生著作集』이 있다.

여하튼 심기心氣의 병은 고금 학자들의 공통된 우환 거리입니다. 후가(孚嘉, 섹스이의 이름)도 일찍이 호랑이에게 상처입은 적이 있었습니다. 하쿠잉선사의 저서에 『야선한화夜船閑話』라는 책이 있어 한가한 틈을 타 일람하였더니 양생의 일단一端을 터득하게 되었습니다. 작년 그가 심기의 병에 걸렸을 때 당시의 명승 소잔(蘇山)과 신시(申子)에게서 전수받아 실행하자 바로 그 효험을 보았습니다.

명초의 한 주자학자도 「조식해調息解」라는 저술을 남기고 있다. 그 뒤 설경헌薛敬軒, 호경재胡敬齋 등의 주자학자가 있었는데, 경헌은 주자의 「조식잠」을 믿었지만 경재는 그것에 반대하였다. 경재는 주자학을 종주로 하였지만, 주자가 박식을 중시하여 권모술수의 서적인 『음부경陰符經』이나 도가 서적인 『주역참동계周易參同契』에까지 주석한 것에 불만을 품고 있었다. 따라서 「조식잠」에 대해서도 좋지 않은 감정을 갖고 '쓰지 말았어야 할 책'이라 주장하였다. 그는 조식으로 병을 치료하는 것까지는 좋지만 그것으로 마음을 보존하려 하면 안 된다고 생각했다. 마음을 보존하려 하면 자연히 선이나 도가 등의 이단을 좇게 된다고 보았기 때문이다. 따라서 '마음의 신령神靈은, 그 안에 만리萬理를 갖추고 만사萬事에 응하는 것인데, 만일 코끝의 흰 부분과 같은 작은 것에 마음을 집중하여 움직이지 않게 한다면 마음을 무용無用한 것 또는 작용이 없는 것으로 만들어 버리게 된다. 조식은 단지 기를 조절할 뿐이고, 마음을 존양하는 법은 경敬 공부를 하지 않으면 안 된다. 조식으로 마음이 존양된다고 하는 생각은 도를 해함이 심한 것이다'고 주장하였다. 요컨대 주자가 말하는 조식은 마음을 일물一物로 고착시켜 주재 즉 주체성을 갖고 있는 영활靈活한 마음의 작용을 상실케 한다는 것이 경재의 지론이었던 것이다.

조식법은 앞서 언급했듯이 주자학자들이 자주 행하였지만, 양명학자 중에도 그것을 논한 자가 있었다. 왕양명의 고제인 왕용계王龍溪라는 자가 그 사람이다. 그의 학문은 양명보다도 한층 선에 가깝다고 말해지는데, 그의 전집 중에 조식법을 논한 부분이 있다. 그는 당시 정靜을 위주로 하는 일단의 양명학자들에 반대하고 돈오를 강조한 인물로, 정좌를 하고 싶다면 조식부터 하라고 주장하면서 참된 조식법을 소개한다. 그것은 앞서 기술한 밀종의 조식법과 유사한 것이었다. 아울러 그는 조식이 유, 불, 도의 종지임을 다음과 같이 말하고 있다.

숨에는 네 종류의 상相이 있다. 첫째는 풍風이라 하고, 둘째는 천喘이라 하며, 셋째는 기氣, 넷째는 식息이라고 한다. 앞의 셋은 조화롭지 못한 상[不調相]이고 마지막 것이 조화로운 상[調相]이다. 정좌하여 숨을 쉴 때 비식의 출입에 소리가 있는 것이 풍상. 숨에 소리는 없지만 그 출입이 막혀 통하지 않는 것이 천상. 숨에 소리도 없고 또한 막힘도 없지만 출입이 가늘지도 않고 거칠지도 않으면서 면면히 계속되어 마치 있는 듯도 하고 없는 듯도 하며, 마음이 온화하고 정情이 안락한 것이 식상이다. 풍을 지키면 마음이 흩어지고, 천을 지키면 마음이 되돌아가며, 기를 지키면 마음이 피로하다. 그리고 식을 지키면 마음이 고요하게 된다. 앞의 셋을 가식假息, 뒤의 것을 진식眞息이라고 한다. 정좌를 익히려고 하면 조식을 입문으로 하여 마음이 의거할 곳이 있게 해야 신神과 기氣가 서로 지켜주게 된다. 이것 또한 권법權法이다. 그러나 조식과 수식數息은 같지 않다. 수식은 유의有意이고 조식은 무의無意이다. 따라서 마음을 허무에 맡겨 침잠하지도 않고 문란하지도 않은 것이다. 숨이 조절되면 마음이 안정된다. 마음이 안정되면 숨도 또한 더욱 조절되어 진식眞息이 왕래한다. 이와 같이 되면 호흡의 작용이 그대로 천지조화의 작용이 되어 만물을 따사롭게 화육한다. 이와 같이 하여 마음과 숨이 서로 의지하도록 하면 조식은 천지의 근본인 도에 복귀하고, 이에 생명의 근본에 달하게 된다. 이때의 일념에 깊은 지혜가 생겨 언제나 깨달음이 있고 언제나 고요하여 유, 불, 도 삼교의 기반이 여기서 서게 된다. 유교에서는 이 숨을 연식燕息이라 하고 불교에서는 반식反息이라고 하며 『노자』에서는 종식踵息이라고 하는데, 이것은 천지음양의 작용의 중심이고 요체가 되는 것이다.*

---

* 息有四種相. 一風, 二喘, 三氣, 四息. 前三爲不調相, 後一爲調相. 坐時鼻息出

자세를 단정히[調]하고 기식氣息을 조절[調]하여 이로부터 마음을 조절[調]하는 것이 좌선인데, 그렇다면 어떻게 하여 마음을 조절하는 것일까? 고래로 좌선을 논한 서적은 많다. 그 중에서 란계蘭溪의 좌선론坐禪論, 장노종長盧宗의 좌선의坐禪儀, 불심재佛心才의 좌선의坐禪儀, 굉지宏智의 좌선잠坐禪箴, 도겐(道元)*의 좌선잠坐禪箴 및 보권좌선의普勸坐禪儀, 영유瑩由의 좌선용심기坐禪用心記 등이 유명하다. 특히 란계의 좌선론은 임제풍의 좌선을 아는데 매우 유용하고, 도겐의 보권좌선의는 조동풍의 좌선을 아는데 좋은 참고가 되는 것으로 알려져 있다. 그 외에 외봉外峰화상의 좌선론坐禪論이 있

入覺有聲, 是風相也. 息雖無聲, 而出入結滯不通, 是喘相也. 息雖無聲, 亦無結滯而出入不細, 是氣相也. 坐時無聲, 不結不麤, 出入綿綿, 若存若亡, 神資冲融, 情抱悅豫, 是息相也. 守風則散, 守喘則戾, 守氣則勞, 守息則密, 前爲假息, 後爲眞息. 欲習靜坐, 以調息爲入門. 使心有所寄, 神氣相守, 亦權法也. 調息與數息不同. 數爲有意, 調爲無意, 委心虛無, 不沈不亂, 息調則心定, 心定則息調. 眞息往來而呼吸之機, 自能奪天地之造化, 含煦停育. 心息相依, 是謂息. 息歸根. 命之蔕也. 一念惺明, 常惺常寂, 範圍三敎之宗. 吾儒謂之燕息, 佛氏謂之反息, 老氏謂之踵息, 造化開闢之玄樞也. 以此徵學, 亦以此徵生, 了此便是徹上徹下之道.(『왕용계전집』 권15 「조식법」)

* 1200~1253. 호는 希賢. 카마쿠라(鎌倉)시대의 선승으로 일본 조동종曹洞宗의 종조宗祖. 불법의 정문正門은 좌선에 있다고 생각하고 1230년경에 『정법안장正法眼藏』을 쓰기 시작함.

는데, 이것은 간략하게 그 요체만을 발휘한 것이다. 이하 외봉의 좌선론과 도겐의 좌선론의 일부를 인용하여 좌선에 있어서의 조심調心의 양상을 살펴보기로 한다.

> 좌선은 특별히 신경 쓸 곳이 없다. 단지 부단히 일체 번뇌(진노망상塵勞妄想)의 대상을 내치고 항시 자심自心을 허공과 같게 함으로써 털끝만큼도 잡념이 없게 하는 것이다. 만일 자심이 청정해지면 선善도 생각하지 않고 악도 생각하지 않는다. 바로 그때가 우리 부모도 태어나기 이전의 본래의 면목(자신을 잊은 절대의 모습)이다. 만일 공부가 전일하게 되면 자연히 깨달아 들어가는 곳이 있게 될 것이다. 무엇을 좌선이라고 이름하는가? 외부의 일체 선악의 경계에 대해 심념心念이 일어나지 않는 것을 좌坐라 하고, 내적으로 자성自性이 동요하지 않음을 보는 것을 선禪이라고 한다. 지금 도를 배우는 자가 이 심체를 깨닫지 못하고 심 위에 심을 낳고 외부를 향해 부처를 구하며 상에 집착하여 수행한다면 이는 모두 악법이고 보살의 도가 아니다.

이것은 외봉外峰의 「좌선론」 중에 기술되어 있는 것인데, 그 내용은 설명을 필요로 하지 않을 정도로 사리 분명하다고 하겠다. 도겐은 「보권좌선의」에서 다음과 같이 말하고 있다.

모든 연을 버리고 만사를 내려놓아 선악을 생각하지도 말고 시비를 따지지도 마라. 심心, 의意, 식識의 운행을 멈추고 념상念想·관觀의 사량을 멈추어 부처가 되기를 도모하지도 마라.

움직이지 않고 좌정坐定하여 이 생각하지 않음을 생각하라. 생각하지 않음이 어떠한지 생각함은 생각하는 것이 아니다.

도겐이 말하듯이 좌선에 의해 '생각하지 않음(불사량저不思量底)'을 사량思量한다는 것은 초심자에게 용이한 일이 아니다. 따라서 방편으로 수식관數息觀을 하도록 한 것이다. 수식관이란 어떠한 것일까? 한 호흡을 일식一息으로 하여 하나에서 열까지 센다. 열까지 세면 다시 하나로 돌아가 열까지 다시 센다. 이러한 과정을 반복하는 중에 잡념과 망상이 사라진다. 전혀 이유를 알 수 없는 공안을 좌선하여 생각하게 하는 것과 어떤 의미에서는 비슷하다고 하겠다. 생각해도 모르는 것을 생각하게 하는 것, 이것이 공안의 목적이다. 옛날 하쿠잉이 자주 사용했던 것으로 '한쪽 손바닥에서 나는 소리를 들어라'는 것이 있다. 사가師家는 참선자에게 이 공안을 주고 좌선하여 풀도록 명한다. 한쪽 손바닥에서 어떻게 소리가 나는 것일까? 그 소리없는 소리를 들으라는 것이다. 이것은 생때같은 억지이다! 그 소리없는 소리를 들으라는 것이 바로「보권좌선의」에서 말하는 불사량저不思量底를 사량思量하라는 것과 같은 것이다.

　소승불교에서는 수식을 갖고 조식으로 삼았는데, 이것은 조심의 방편인 것이다. 가토 토츠도(加藤咄堂)는 옛날부터 전해온 조심의 요건을 다음과 같은 다섯 가지로 정리하여 설명하고 있다.

01　시비선악과 일체의 상대적 분별 판단을 멈추고 오

로지 의식의 통일에 힘써라.

02 부처가 되려한다던가 깨달으려고 하는 념念을 품지마라.

03 무상관無常觀, 부정관不淨觀, 무아관無我觀에 철저하도록 노력하고, 주관적으로도 객관적으로도 일체의 집착에서 벗어나라.

04 항시 불심이 대자대비임을 관하고, 불심을 자신의 마음으로 삼아라.

05 이처럼 오로지 조심調心에 힘써도 여전히 잡념과 망상 그리고 잘못된 지각[惡知惡覺] 때문에 정신통일을 할 수 없고 마음이 산란하여 곤란한 경우에는 잠시 마음을 코끝 혹은 배꼽 밑 단전에 둔다. 또한 반대로 마음이 혼침昏沈하여 명정明淨을 가로막는 때는 마음을 발제髮際 또는 눈썹사이에 둔다. 소소한 병일 때에는 마음을 좌우 다리가 교차하는 양질兩跌 위에 둔다.

좌선에는 이외에도 음식, 의복, 방석, 장소 등에 관한 주의가 필요하다. 이것은 정좌의 경우에도 마찬가지이다. 간단히 설명하자면 다음과 같다. 토츠도(咄堂)에 의하면, 자극이 강한 음식을 피하고 지방질은 많이 섭취하지 말아야 한다. 또한 배가 부를 때까지 먹어서는 안 된다. 위의 부담을 줄여 심신을 가볍게 하기 위해서다.

의복은 항시 세탁하여 청결한 것을 입고 좌선할 때에는 옷도 벨트도 느슨하게 한다. 이렇게 하여 몸이 느긋해지면 마음도 느긋해진다.

좌선에는 깔고 앉는 것도 매우 중요하다. "앉을 때에는 두꺼운 깔개를 깔고 위에 방석을 사용한다"고 하는 데서도 알 수 있듯 방석은 반드시 필요한 것이다. 방석은 너무 크지 않고 엉덩이 주위에 맞는 정도의 둥그런 형태로 만든 것이 좋다. 물론 되도록 부드럽고 감촉이 좋은 것이 좋겠다. 이러한 방석은 착석감이 좋을 뿐만 아니라 양 다리를 접기도 쉽고 양 넓적다리가 바닥에 착 달라붙게 되어 자세를 바르게 하는 데에도 편하며, 나아가 단전에 힘이 들어가 차분하게 된다.

이러한 방석이 없으면 집에 있는 방석을 두 장 겹쳐 사용해도 좋다.

좌선하는 장소에 관해서도 옛날부터 여러 가지 주의점을 제시하고 있다.

01 한적하고 정결한 곳을 택하되 높고 조망이 좋아 마음을 빼앗길 염려가 있는 곳은 피할 것.

02 광선이나 온도는 주야, 사계절에 따라 적절하게 맞출 것.

03 불, 물, 바람, 도적 등의 재난의 위험이 있는 장소는 피할 것.

04 권세, 명문名聞 등에서 멀리 떠난 곳.

05 해변이나 번화한 곳을 피하고 소음이나 유혹으로부터 벗어나 있는 곳.

이상, 초월도超越道를 추구하는 사상에 있어서 그것이 요체로 하는 마음의 고요함이 어떠한 의미를 갖는 것인가를 대략 설명하고, 그 중에서도 특히 좌선에 관해서는 좀 더 상세하게 기술하였다. 마지막으로 최근에 필자가 접했던 것에 대하여 간단히 소개하기로 한다. 그것은 근래 중국에서 일본에 전래된 일종의 종교로, 수행의 도량을 '도덕관道德館'이라 이름하고 구도자를 '도친道親'이라 하며 선종처럼 제창提唱과 정좌에 의해 인생과 우주의 근본을 깨닫게 하는데 그 목표를 두고 있다. 특별히 우상을 섬기지는 않지만 간단한 종교적 의식을 행하는 점은 불교와 다르지 않다. 다만 중국에서 전래된 것이기 때문에 중국적인 예법을 따르는 곳이 많아 아직 충분히 일본화하지는 못한 것 같다. 한마디로 말해 묵조선과 비슷하다고 할 수 있는데, 다만 조금 다른 것은 삼교일치 혹은 오교일치의 입장을 취한다는 점이다. 즉 도道는 유, 불, 도 삼교를 통합하여 하나, 혹은 유, 불, 도 및 기독교, 회교를 통합하여 하나로 간주한다. 이 종교의 목적은 다음에 기술한 염준효閻俊孝씨의 강연을 보면 그 대략을 알 수 있다.

지금 전 세계를 돌아보면 도덕은 퇴폐하고 도의는 땅에 떨어졌으며 인심은 점차 어지러워지는 등 미증유의 혼란 상태에 빠져 있음을 알 수 있다. 그 원인은 도대체 어디에 있는가? 그것은 바로 지금의 문화와 종교는 물론 문학이나 철학까지도 말단만을 추구하고 그것을 발전시키는 것을 최고의 목적으로 여기며, 거기에만 집착하고 맹신해왔다는데 기인한다. 그러나 대우주에는 현대인들이 최고라고 생각하는 것보다도 훨씬 뛰어난 대우주의 근원이 있고, 그것이 인간이나 만물의 근본을 이루고 있다. 사람들은 이것을 알 수 없기 때문에 근본에서 벗어나 말단만을 구명하는데 몸과 마음을 바쳐온 것이다. "근본을 잃고 말단만 추구한다"는 말처럼, 인류는 인간 자신과 천지만물의 근본을 제쳐두고 그 말단만을 구명해왔다. 그 결과 오늘날과 같이 경쟁, 투쟁, 전쟁 등의 갈등으로 가득 찬 세계를 초래하게 되었으며, 나아가 인류의 파멸과 만물의 전멸로부터 벗어나기 힘든 상태까지 몰리게 되었다고 생각한다.

상천上天이 인류의 자멸을 불쌍히 여겨 석존, 노자, 공자, 그리스도 등 천지만물의 근원을 깨달은 자들을 이 세상에 내려 보내신 것이다. 원래 이 도는 복희씨伏犧氏로부터 대대로 단전독수單傳獨授로 전해져 주공에 이르고, 노자·공자·석존의 3인에게 전해졌다. 그리고 석존으로부터 28대의 달마대사로, 다시 달마대사로부터 18대의 궁장큐툱선사에 이르면서 세상에 널리 전해짐으로써 대자대비의 은덕을 입게 되었다.

지금 각지에 사원이나 교회 혹은 수양도량은 셀 수 없을 정도로 많지만, 거기에서는 설교만 할 뿐 석존이 말하는 교외별전教外別傳은 전해지지 않았다. 이 대도大道야말로 천명에 의해 천운天運에 응하여 전수된 것이다. '도덕회관道德會館'은 그 대도를 전수하여 인간의 진수를 추구하기 위한 도량이다. 사람들 각자가 자신의 진수를 붙잡아 공자가 제창했던 대동세계를 건설하고 나아가 평화로운 지상에 천국을 세우기 위한 것이다.

이상의 내용을 보건대 대승불교에 가까운 입장임을 알 수 있다. 이 종교에서는 우주의 근원인 도를 공

空이라고 한다. 이것은 물론 불교의 도임은 말할 필요조차 없지만, 동시에 그들은 노자의 무위자연과 공자의 '일이관지一以貫之'의 일一, 그리고 『중용』에서 말하는 희노애락미발위지중'喜怒哀樂未發謂之中'의 중中이 그 공空과 같은 것이라고 한다. 나아가 이 도는 인간의 육체 안에 자리하고 있다고 하는데, 눈썹 사이의 일점一點이 바로 그것이다. 그 이유는 그 내부가 공이기 때문이다. 이것을 '현관玄關'이라고 이름하는데, 정좌하여 눈썹 사이의 일점을 관하면 깨달음을 얻을 수 있다고 한다. 정좌시 마음을 눈썹 사이에 집중하는 방법은 예부터 입에서 입으로 전해온 비결秘訣로, 불교나 도교에서도 그것을 설하고 있다. 또한 이 종교는 정좌를 중시하는데, 그 점은 이해할 수 있지만 도통道統에 관한 부분은 이해되지 않는 곳이 많이 있다. 여하튼 정좌에 의해 인생과 우주의 근본을 깨달으려고 하는 태도만큼은 주목할 필요가 있다고 생각된다.

좌선과 의학

메이지(明治) 초년 경 하라 탄잔(原担山)*이라고 하는 걸승이 있었는데, 좌선으로 병을 고칠 수 있다는 책을 저술하였다고 한다. 근래 들어 의학적 입장, 심리학적 입장에서 좌선을 해설한 책들도 적지 않게 출판되고 있는데, 그 중 하세가와 우사부로(長谷川卯三郎)의 「의학선醫學禪」을 소개하기로 한다.

뇌나 춘수春髓로부터 나와 있는 신경 중에는 수족의 운동신경이나 지각신경 등과 같이 의지를 수반하는

---

* 1819~1892. 유명幼名은 良作. 1840년 多紀安叔의 문하에서 의술을 공부하였으나, 20세 때 출가하여 조동종曹洞宗의 승려가 됨. 1879년 동경대학 인도철학과 교수를 거쳐 91년에는 조동정 대학림총감大學林總監, 92년에는 관장管長을 역임. 저서에 『심식론心識論』 등이 있다.

것 다시 말해 뇌신경작용을 갖는 것과, 내장기관의 신경과 같이 자동적으로 움직이면서 전혀 의지를 수반하지 않는 자율신경작용을 갖는 식물신경 즉 자율신경이 있다. 자율신경은 교감신경과 부교감신경으로 이루어져 있는데, 전자는 흥분작용, 후자는 억제작용을 행한다. 서로 상반된 것이 길항拮抗하면서 거기에 조화가 이루어진다. 좌선하면 배의 힘이 작용하여 부교감신경을 의사지배意思支配함으로써 흥분억제, 심계心悸진정, 호흡진정 등의 작용을 일으키며, 또한 좌선을 행하여 마음의 평정을 추구하려는 것 자체가 부교감신경의 의사지배 즉 마음의 평정을 촉진시킨다. 요컨대 좌선을 행하면 이들 작용이 동시에 상승하여 활동함으로써 '배의 종합적 조제調制작용'이 행해지는 것이다. 이와 같이 하여 전신의 흥분을 해소하고 마음의 긴장을 풀어 정적靜寂한 경지를 조성한다. 그뿐만 아니라 좌선은 단좌정신端坐正身하여 전신의 근육이 조금의 틈도 없이 긴장을 유지하게 함으로써 대뇌피질의 신경활동을 활발하게 하고, 그것이 선의 '정려靜慮'의 기반이 되어 두뇌를 지극히 명석하게 만든다. 좌선은 이와 같은 정신적 공덕이 있을 뿐 아니라 장생한다거나 건강을 유지하는 데에도 중요한 의의를 갖고 있다. 선문禪門에서는 '심신心身'이라 하지 않고 반드시 '신심身心'이라고 쓰는데, 이것을 보아도 그들이 신체의 건강을 얼마나 중시하고 있는지 잘 알 수 있다. 좌선의 신심상관身心相關의 원리로부터 생겨나는 건강상의 공덕은 다음의 셋으로 설명할 수 있다.

01 소화계기관의 운동 연마를 통한 신진대사의 향상과 체력의 증진에서 오는 장년기의 연장.
02 전신의 혈액순환의 혁신.
03 내분비기관의 부활賦活.

구체적인 예를 들어 말하면 다음과 같다.

노이로제

이것은 내과와 정신병의 중간 정도의 병으로 신경쇠약, 히스테리, 강박신경증 등을 말한다. 옛날에 말하는 소위 심기心氣의 병이 이것이다. 좌선하면 배 가운데에 자극이 가해져 부신副腎과 심장은 물론이고 기타 내장기관의 부교감신경계를 의사지배하게 되어 노이로제 환자의 심한 긴장흥분을 평정하게 한다. 그렇게 함으로써 혈압이 내려가고 위장이나 혈행이 활발하게 되어 원기元氣가 나와 노이로제가 치료된다. 노이로제 환자에게 많은 불면증의 경우에도 자리에서 '와선臥禪'을 행함으로써 쾌적한 수면을 취할 수 있게 된다.

마음의 동요에서 일어나는 병으로는 노이로제를 비롯해 위장장해, 위산과다의 일부, 위궤양, 고혈압, 내분비병, 당뇨병, 천식 등이 있다. 갖가지 걱정이나 마음의 동요가 몸에 직접 영향을 준다는 것은 무엇보다도 혈액 내의 산염기평형酸鹽基平衡관계나 내분비선의 기능에 있어 분명하게 증명할 수 있다. 혈액으로 말하면, 걱정이 생겨 고민할 때 혈액은 고도의 산독증酸毒症을 보인다. 그런데 좌선에 의해 마음을 평정하게 하면 그것이 약알칼리성의 정상 혈액으로 되돌아온다. 여하튼 좌선에서 생기는 마음의 평정은 노이로제를 치료할 수 있다.

만성위장병

선으로 고칠 수 있는 병으로는 위장의 이상발효異常酸酵, 가스의 발생, 소화불량, 만성위장염, 위장무력증, 만성변비, 설사, 담석증 등이 있다.

결핵

결핵의 항병력을 증가시키는 것이 결핵 치료에 중요하다는 것은 말할 필요도 없다. 그런데 그러기 위해서는 위장의 작용을 향상시켜 소화흡수작용을 높이지 않으면 안 된다. 위장의 경우는 다른 것과는 반대로 부교감신경이 흥분으로, 교감신경이 진정으로 작용한다. 이것이 위장의 자율신경이 갖는 예외적 특징이다. 이런 이유로, 좌선을 행하면 그 압자극壓刺戟에 의해 위장의 활동이 매우 왕성하게 되고 식욕이 증진되며 소화가 편안해짐으로써 소화흡수작용이 훨씬 향상된다. 그 결과 위장의 제 병증이 호전될 뿐 아니라 간장의 가벼운 장해나 담석증 등도 복압腹壓에 의해 미연에 방지할 수 있다.

불면증

자리에서 '와선'하여 배만이 아니라 다리 끝에도 힘을 넣어 실행한다. 이때 수식법數息法을 행하면 혈액의 순환은 두한족열頭寒足熱형의 혈행이 되기 때문에, 두뇌의 충혈充血과 망념을 제거하여 바른 혈행으로 된다.

고혈압

심장이나 간장, 신장, 뇌 등 중요한 내장기관의 병증에서 오는 고혈압에는 효과가 없지만, 통상 고혈압 증상에서 가장 많은 비율을 차지하고 있는 호르몬의 고장에서 오는 고혈압에는 좌선이 매우 효과적이다. 좌선하면 뇌혈행의 개선에 의해 신선한 산소를 뇌에 공급하게 되고 호흡중추를 진정시켜 혈행을 내려가게 한다. 그리고 좌선을 계속하면 배 안의 내분비의 중심인 부신副腎의 교감신경 조절장해를 제거하고 혈압을 올리고 있는 분성승압제奮性昇壓劑의 작용을 제어하며 또한 심장의 부교감신경을 의사지배하여 심계心悸(울렁거림)가 높아지는 것을 진정시킨다. 이것이 혈행을 내리는 중요한 역할을 한다.

뇌출혈 예방

뇌출혈은 뇌의 소동맥의 혈행이 완전치 못한 것이 그 원인이다. 좌선하면 뇌의 소동맥의 혈액이 빈혈에 떨어지지 않고 충혈에 치우치지 않도록 하여 뇌출혈을 예방할 수 있다.

Chapter 02
좌선 비판 批判

이상사회

지금까지 현실주의와 초월주의에 관해 설명하였다. 양쪽 모두 '고요함(靜)'에서 도의 궁극을 찾고 있음을 살펴보았고, 그 중 좌선과 정靜에 관해서는 특히 상세하게 설명하였다. 여기서는 이상주의에서의 정靜의 문제를 고찰하기로 한다. 다만 한마디 미리 말해두고 싶은 것은, 정좌와 좌선을 구별했다는 것이다. 정좌는 이상주의에서 정심靜心을 추구하는 방법이고 좌선은 초월주의에서 정심을 추구하는 방법으로, 같은 정심이라고 해도 양자의 내용은 다르다고 할 수 있다. 또한 도의 궁극을 자연에로 돌렸다는 점에서는 이상주의도 다른 사상들과 동일하지만, 그 내용에 있어서는 다른 양상을 보인다. 현실주의는 앞에서 언급했듯이 인도人道의 궁극으로서 자연을 추구하는데, 그들은 공리적 인간관(성악설)에 입각하여 인간을 대립, 투쟁, 상극의 관계로 파악하기 때문에 거기서 말하는 인도란 타자를 제어하여 자신의 뜻대로 지배하기 위한 도라고 할 수 있다. 따라서 인간을 서로 통하는 따뜻한 마음의 존재 즉 도덕적 존재로 규정하고, 인도를 도덕적 이상사회의 실현을 위한 도로서 그 궁극을 자연에 귀결시키는 이상주의와는—비록 양자 모두 인도를 지향하고 자연을 그 궁극으로 간주한다는 점에서는 같다고 할 수 있을지라도—그 내용이 달리 나타날 수밖에 없다. 알기 쉬운 예를 들어보자. 법가는 앞서 언급했듯이 현실주의적 입장을 취하지만, 그들도 이상주의적 입장을 갖는 유자와 마찬가지로 정의를 주장하고 공도公道를 내세운다. 단 법가는 개인의 자유 즉 사도私道를 일체 배제하고 오로지 국가공공의 도만이 정의라고 규정한다. 그리고 각 개인이 여기에 절대 복종할 때 국가가 저절로 부국강병해지고, 이에 각 개인도 그 이익을 함께 누리게 된다고 역설한다. 이것이 소위 '정의'라고 간주되었다. 그런데 유자는 인간사회 또는 인간 공동생활의 토대가 되는 공공의 도 혹은 정의란 본래 인간 본성에 갖추어져 있는 것으로 본다. 그리고 그와 같은 도는 인간과 사회 또는 인간과 국가 나아가 인간과 자연을 하나로 통합하여 인간사회 또는 이상세계를 실현하기 위한 것으로, 거기에는 청순하고 따뜻한 애정이 넘치고 있다. 이에 반해 법가의 도는 엄격하고 가혹하다. 속담에 "사람을 보면 도둑으로 여겨라"거나 "나그넷길은 길동무, 세상은 인정"*이라는 말이 있는데, 바로 법가는 전자의 인간관·사회관에 서 있으며, 유가는 후자의 입장에 의거하고 있는 것이다.

초월주의는 인간을 부정하는 입장에 있고, 이상주의는 인간 긍정의 입장에 있다. 따라서 노자나 장자의 도는 천도에 따라 인도를 배격하고, 공자나 맹자의 도는 인도에 따르는 것을 천도로 간주한다. 장자는 말의 목을 줄로 묶거나 소의 코에 멍에를 씌우는 것을 말과 소의 본성에 거스르는 것으로 여기고, 천도를 따르지 않으면 안 된다고 주장하였다. 이에 반해 송宋의 양구

---

* 먼 나그넷길은 길동무끼리 서로 돕듯이, 세상살이도 서로 도우며 살아가라는 말.

산陽龜山은 장자의 주장을 부정한다. 만일 소의 목을 줄로 묶거나 말의 코에 멍에를 씌운다면 그것은 장자가 말한대로 소나 말의 본성에 거스르는 잘못된 행위이지만, 장자가 말하듯이 말을 줄로 묶거나 소에 멍에를 씌우는 것은 오히려 말과 소의 본성에 따르는 것이며, 따라서 인도가 곧 천도에 따르는 것임을 역설하였다. 이는 매우 흥미있는 논의이다.

앞서 언급했듯이 초월주의는 인간을 부정한다. 그리고 그것은 노장보다도 불교 쪽이 훨씬 강하다. 불교에서는 주지하듯이 인간을 업의 존재로 규정하고, 번뇌의 불꽃 속에서 고통받고 있는 존재로 파악한다. 장자의 경우는 이처럼 부정적 시각이 심하지는 않다. 그리고 인간사회에 대해서도 어떤 의미에서는 불교보다 관심이 깊다. 이상주의는 인간 긍정의 입장에 선다. 설령 인간 및 인간사회에 모순이 있다고 하더라도 인간의 본성에는 공동생활을 가능케하는 도가 내재되어 있다고 보는 것이다.

『논어』에 다음과 같은 이야기가 있다. 공자가 제국 諸國을 유랑할 때 어떤 곳에서 두 명의 은자를 만났다.

그들은 세상을 떠나 밭을 갈면서 자연을 벗삼아 살고 있었다. 도의가 퇴폐하고 정치가 혼란해진 세상에서 살아가는 것에 염증을 느꼈기 때문이었다. 그런데 공자는 혼란한 세상을 구제하기 위해 제국을 유랑하면서 각국의 제후들에게 도를 설파하였지만 그다지 받아들여지지 않았다. 그럼에도 불구하고 그 일을 멈추지 않고 제국을 편력하였던 것이다. 은자의 입장에서 보면, 자신의 힘으로는 어쩌해 볼 수 없는 이 세상에서 뭐가 좋아 그렇게 바보 같은 짓을 하는지 알 수 없었다. 도도한 이 난세는 어떻게 해볼 방도가 없다. 이러한 시대에는 우왕좌왕 헤매며 돌아다니느니 자기들처럼 은둔하여 즐겁게 사는 것이 좋은 것이 아닌가하면서 공자를 비웃었다. 그러자 공자는 대답하길, 은둔은 쉽다. 그러나 나는 어디까지나 '이 사람들과 함께 하겠다'고 말하였다. 이 '이 사람들과 함께 하는' 마음, 이것이야말로 이른바 '인仁'인 것이다. 그리고 이것은 말할 필요도 없이 인간존중의 따뜻한 정신이었다. 이상주의의 근저는 바로 여기에 있는 것이다.

이상주의도 앞서 언급했듯이 자연을 도의 궁극으

로 여긴다. 그것은 춘하추동이 저절로 운행하여 만물을 낳고 발육시키는 광대한 정靜의 도였다. 그 도에 따르기만 하면 정치를 함에 있어 수수방관 팔짱만 끼고 있어도 저절로 이상정치가 행하여진다고 생각하였다. 즉 무위하되 이상세계가 실현되는 것이다. 이러한 세계에서는 각자의 생활이 안정된다. 가정에서 각 개인은 가인家人으로서의 도덕을 지키고, 사회인으로서는 사회인으로서의 공덕公德에 따른다. 윗자리에서 사람들을 다스리는 자는 다스리는 자로서의 도를 지키고, 밑에서 남의 다스림을 받는 자는 다스림을 받는 자로서의 도를 지킨다. 위에 있는 자와 아래 있는 자, 남과 나는 일심일덕一心一德이다. 그리고 사람들은 제각기 자신의 재덕才德에 따라 거기에 알맞는 직업에 종사함으로써 이상사회의 실현에 참여하고 만물을 생생발육하는 천지의 대도를 찬조贊助한다. 고인古人은 이러한 세계를 "천지가 제자리에 서고 만물이 화육된다[天地位, 萬物育]"던가, "소리개는 하늘에서 날고 물고기는 연못에서 뛰논다"는 말로 표현하였다.

정靜과 경敬

『중용』은 위에서 언급한 이상주의의 도를 '중화中和'로 규정하고 "중화에 이르면 천지가 자리하고 만물이 화육된다"고 주장한다. 중화란 평정한 조화의 도를 말한다. 『중용』은 이러한 도를 천명이면서 동시에 인간에 내재되어 있는 것으로 간주하였다. 따라서 다음과 같이 말한다.

> 희노애락이 아직 발하지 않은 것을 중中이라 하고, 발하여 모두 중절中節하는 것을 화和라고 한다.*

---

* 喜怒哀樂之未發, 謂之中. 發而皆中節, 謂之和. (『중용』 제1장)

이렇게 하여 사람들이 자신의 마음에 나아가 도를 구하기를 바랐던 것이다. 후에 '중'을 '미발未發의 중'이라 하고 '화'를 '이발已發의 화'라고 했는데, 이것은 『중용』에 따른 것이다. 왜 '중'을 미발이라 하고 '화'를 이발이라 한 것일까? 『예기』에 다음과 같은 말이 보인다.

> 사람이 태어나서 고요한 것은 천성이요, 사물에 감응하여 움직이는 것은 성의 욕구이다. 사물이 이르면 지知가 이를 안다. 그런 후에야 호오가 나타난다. 호오가 안에서 절도 없고, 지혜가 밖에서 유혹을 받으면 자신을 반성하지 못하여 이에 천리가 멸하게 된다.*

이것은 어떤 의미인가? 인간의 천성은 원래 평정하지만, 그것이 외적 사물과 접촉하게 되면 지각이 생겨나고, 그렇게 되면 '좋아하고 싫어함'의 정情이 발동한다. 이에 그 정이 절도를 잃거나 지각이 외물에 유혹

---

* 人生而靜, 天之性也. 感於物而動, 性之欲也. 物至知知, 然後好惡形焉. 好惡無節於內, 知誘於外, 不能反躬, 天理滅矣.(『예기』 악기樂記)

되거나 하는 경우가 있게 된다. 이때 그것을 반성反省하지 않으면 천리 즉 자연의 바른 도리는 상실된다는 것이다. 천성이 평정한 이유는 그것이 다름 아닌 천리이기 때문이다. 이 천리를 초월주의의 입장에서 보는가 이상주의의 입장에서 보는 가에 따라 그 내용이 달리 규정되는데, 일단 후자의 입장에 따른다고 한다면 이 천리는 정靜이고 『중용』에서 말하는 '중'에 해당한다. '중'은 편벽되지 않고 과불급이 없는 조화의 도이다. 따라서 정靜한 천성天性이 움직여[動] 정情이 되어도 거기에 절도가 있는 한 그것은 천리의 발용이 된다. 이것이 『중용』에서 말하는 '미발지중未發之中'이다. 이 뜻을 이해하면 '이발지화已發之和'의 의미는 자연히 알게 될 것이다.

그렇다면 '중'과 '화'의 관계는 어떠할까? 한마디로 말하자면 중은 체體, 화는 용用이다. 물론 체용은 혼연일체이지만 체로부터 용에로 향하는 것과 용으로부터 체를 구하는 것의 두 길이 있다. 체용을 동정動靜으로 말하자면 체가 정이고 용이 동이다. 그렇다면 동정은 시공[時]에 속하는가, 속하지 않는가? 이것은 매우 어려운 문제이긴 하지만, 아마도 시공[時]에 속하면서도 동시에 그것을 초월한다고 하는 것이 올바른 해석이 아닌가 싶다.

체용을 나무에 비교하면, 체는 뿌리[根本]이고 용은 가지와 잎사귀[枝葉]라고 할 수 있다. 이 경우 뿌리를 배양하여 가지와 잎사귀를 번성시키는 쪽이 가지와 잎사귀를 통해 뿌리를 배양하는 쪽보다 직접적이고 전체적인 방법이라고 생각된다. 이렇게 볼 때 중화의 경우에도 먼저 중인 체를 구하면 화인 용이 저절로 행해지게 될 것이다. 그렇다면 희노애락의 정이 이미 발한 동처動處에서 화를 구하고 그 뒤에 중에 이르는 것보다는, 아직 발하지 않는 정처에서 먼저 중의 체를 구하는 것이 중요하다고 하지 않을 수 없다. 미발의 공부, 정靜의 공부를 필요로 하는 이유가 바로 여기에 있다.

이상주의도 근세에 들어오면 선禪의 영향을 받아 점차 인간의 마음을 중시하는 방향으로 나아간다. 따라서 근세에는 선도 심학心學, 유학도 심학으로 불리게 된다. 유학에 있어서 마음[心]은 인생우주의 근본실재

인 리가 내재화된 성性을 체로 한다. 성은 심을 떠나 존재할 수 없다. 그런데 성은 정靜이고, 따라서 성을 구하기 위해서는 우선 심을 고요[靜]하게 하지 않으면 안 된다고 생각했다. 근세유학의 시조로 불리는 주자周子(주렴계)가 주정主靜을 학문의 본령으로 간주하였던 이유가 바로 여기에 있다. 그는 주정에 의해 우주 인생의 근본이면서 만물생생의 근원이기도 한 태극을 드러낼 수 있다고 생각하였다. 그는 원래 노장을 섭렵하고 선수행을 행하였다고 하는데, 그의 주정은 노장이나 선의 정 사상을 초극하여 신유학의 길을 개척하려고 한 것이었다. 따라서 그것은 선이나 노장과는 다른 내용을 갖고 있다고 보지 않으면 안 될 것이다. 그는 주정이 되기 위해서는 무욕無欲해야 한다고 주장한다. 여기에서 말하는 무욕도 노장이나 선에서 말하는 그것과는 다소 내용을 달리하는 것으로, 도덕적으로 악이라고 생각되는 인욕 즉 사욕을 없앤다는 의미이다. 다시 말해 선악을 막론하고 일체의 욕념을 없앤다는 의미가 아니라 단지 사욕을 없앤다는 의미인 것이다. 사욕을 모두 제거하면 주정이 얻어진다고 보았던 것이다. 주정이라고는 해도 그것이 선禪에서 말하는 정靜과는 다른 것임을 드러내기 위해 그는 그 글자 밑에 "무욕이기 때문에 정[無欲故靜]"이라는 주를 달았다. 그런데 무욕에 의해 정靜이 된다면 다시 '주정'이라는 두 자를 제시할 필요가 없을 것이다. '주정'이라고 하는 한 마음을 정하게 하는 공부의 의의를 인정한 것으로 보지 않을 수 없다. 다시 말해 마음을 고요하게[靜] 하면 저절로 사욕이 제거되어 자신의 본성에 돌아가게 된다고 생각했음을 알 수 있다.

주렴계 사상의 전체적 맥락에서 볼 때, 그의 '주정'이 선의 좌선입정坐禪入定과 다르다는 것은 분명하지만, 그가 양자의 구별을 분명히 언급하고 있지 않기 때문에 '무욕고정'이라는 말을 잘 파악하지 않으면 그의 주정을 선으로 해석해버릴 위험성도 없지 않다. 따라서 그의 문인인 정자程子는 정靜이라 하지 않고 '경敬'이라는 표현을 썼다.

주렴계는 그 인간됨이 쇄탈灑脫하였으므로, 당시 유명한 시인이었던 황산곡黃山谷은 그의 인품을 "쇄락灑落함이여, 마치 광풍제월光風霽月과 같구나!"라고 평하고 있다. 정명도와 정이천은 젊었을 때 주렴계의 가르침을 받았는데, 주렴계와 만났다가 돌아갈 때의 심경을 정명도는 "음풍농월하여 돌아간다"고 표현하고 있다. 이를 보아도 주렴계의 인품이 어떠했는가를 짐작할 수 있다. 이것이 천성일지도 모르지만, 다른 한편으로는 '주정'의 학문 덕택이기도 했을 것이다.

주렴계는 "무욕고정"을 말하면서도 그것이 쉽지 않음을 정명도에게 주입시키곤 했다. 명도는 16, 7세 경 사냥을 즐겨 하였다. 그러나 그것이 좋지 않은 일이라고 생각한 그는 그 욕구를 없애려고 노력하였다. 점차 그 욕구가 사라졌다고 생각된 어느 날 주렴계에게 그간의 사정을 말하였다. 그러자 주렴계는 '입으로만 그렇게 말하는 것은 쉬운 일이다. 자네는 그 욕구가 제거되었다고 말하고 있지만 실은 제거된 것이 아니라 마음속에 숨겨져 잠복해 있는 것에 불과하다. 따라서 일단 움직여 나오기 시작하면 다시 본래 상태로 돌아갈 것이다'고 충고하였다. 그로부터 12년 뒤 어느 날, 우연히 사냥하고 있는 사람을 본 명도는 자기도 모르게 흥분을 느꼈다. 그리고 주렴계의 가르침이 빈 말이 아니었음을 깨달았다고 한다.

명도도 정靜의 마음이 중요함을 잘 알고 있었다. 그가 지은 시에 다음과 같은 구절이 있다.

萬物靜觀皆自得, 四時佳境與人同.
만물을 정관靜觀하면 모두가 자득, 사시四時의 아름다운 경치 사람과 매한가지.

'정관하면 천하의 만물이 모두 제자리를 얻어 평안함을 알 수 있다. 그것은 마치 춘하추동이 제각각 가경인 것과 같으며, 이에 인간사회도 그것과 다름없음을 알 수 있다'는 의미가 위의 구절에 드러나 있다. 명도는 특히 이 정관을 중시하였다. 정관이란 정靜 중의 깨달음인데 명도에 의하면 이것을 얻을 수 있다면 만물은 모두 생명 넘치는 화기로 가득차고 마음은 텅비어 아무런 집착도 없어 지공至公의 도를 얻게 된다. 그리고 그렇게 되면 만물에 순응하여 자재하게 된다. 그는 이것을 "마음이 고요해지자 만물이 모두 춘의春意임을 알겠다"거나 "넓고 텅비어 지극히 공정[廓然大

公]하니 물物이 오면 순응한다"는 말로 설명하고 있다.

전하는 말에 의하면 명도는 온종일 마치 인형처럼 정좌하곤 했는데, 언제나 화기和氣가 넘쳐흘렀다고 한다. 그의 동생인 이천伊川도 사람들이 정좌하고 있는 것을 보면 그것을 '선학善學'이라고 하면서 자신도 정좌하였다. 그러나 이천의 정좌에는 명도와는 달리 엄숙한 기운이 맴돌고 있었다. 형제인 그 둘의 학문은 비슷한 면도 있었지만, 성격이 달라서인지 다소 다른 점도 있었다. 어느 날 두 형제는 홍등가에 놀러 갔다. 동생은 그런 장소에 발을 들여놓는 것조차 추접스럽다고 생각하고 있었으므로 근엄한 태도로 몸가짐을 조신하게 유지했다. 그러자 명도는 동생인 이천에게 색色에 걸림이 있고 따라서 학문이 아직 미숙함을 지적하였다고 한다. 또한 다음과 같은 이야기도 전해 온다. 어느 날 이천이 벽을 향해 정좌하고 있을 때 문인門人이 방문하였다. 이천은 그것을 알았지만 모르는 채 변함없이 정좌를 계속했다. 결국 문인들은 장시간 기다리지 않으면 안 되었고, 돌아갈 때에는 집밖에 눈이 수 척이나 쌓여있었다고 한다. 이런 식이었으므로 이천은 문인들의 언행에 대해서도 선악을 분명히 하고 가차 없이 지적하였다. 이에 반해 명도는 이천처럼 시비선악의 구별을 엄격히 하지 않고 악도 감싸안고 선으로 전화되도록 하는 풍이었다. 문인의 말에 의하면 명도와 대좌對坐하고 있으면 마치 춘풍 속에 앉아있는 것처럼 화기애애한 기분이었다고 한다. 명도의 기상氣象 중에는 초월주의적인 것이 감돌고 있는 듯 보이기도 한다. 그것은 앞서 인용했던 시구를 보아도 추측할 수 있다. 그러나 실은 명도는 현실적인 것에 대해서도 극명한 식견을 갖고 있었다. 다만 그것이 높은 식견과 광대한 기상에 둘러싸여 있었던 것뿐이다.

명도와 이천 모두 우주인생의 근본을 리理라 칭했다. 이 리는 인간의 공동생활을 이끄는 원리이면서 동시에 우주의 근본실재이기도 한데, 그것은 천天이 부여한 것이므로 또한 천리天理라고도 한다. 그리고 그 천리는 개개의 사물에 내재하여 그것의 근저를 이루며 그것의 법칙이 되는데, 이와 같은 리가 본래 인간에게 내재되어 있다고 생각하였다. 따라서 외계 사물의 리는 실은 내 마음의 리이고, 아울러 성性에 내외없고 리에도 내외없는 것으로 간주되었다. 결국 외계 사물에 있는 리를 궁구하는 것이 그대로 마음의 리를 궁구하는 것이 되고, 마음의 리를 궁구하는 것이 실은 외계의 리를 궁구하는 것과 동일한 것으로 간주되었다. 이렇게 생각한 것은, 단지 마음 속의 리만을 추구하면 선禪의 공견空見에 빠질 염려가 있다고 보았기 때문이다. 그러나 성性에 내외없고 리에 내외없다고는 해도 외물의 리를 궁구하면서 성을 본체로 하는 영활靈活한 마음을 외적인 것으로 해서는 참된 내외일치의 본체는 궁구하기 어렵다. 따라서 궁리함에 있어 외물의 리를 궁구함과 동시에 몸의 주재자이면서 외물에 감응하는 영묘한 이 내적인 마음의 존양도 함께 중시했던 것이다. 이천은 외물의 리를 궁구하는 도를 '치지致知'라 하고, 마음을 존양하는 도를 '거경居敬'이라 하였다. 전자는 지적인 공부이고 후자는 실천적인 공부이다. 유교가 종지로 하는 학문을 닦는 데에는 치지가 필요하고, 본래의 인간성을 기르는 데에는 마음의 존양인 거경이 필요하다. 이 양자는 수레의 두 바퀴 또는 새의 양 날개처럼 어느 하나라도 결해서는 안 되는 것으로 간주되었다.

   주렴계의 주정은 마음을 정靜하게 하여 순수한 본성에 돌아가는 것을 추구하는 공부였으므로 그것 역시 존양이라고 할 수 있다. 그런데 정자에 이르러 '정'이라고 하지 않고 '경'이라고 한 것은 무슨 연유인가? 성은 마음의 동정을 막론하고 어디에건 존재하는 것이므로 마음을 존양하여 성을 구하는 공부도 반드시 정에 한정되지는 않는다. 주렴계의 '주정'에 있어 그 정은 본체를 의미하는 정으로, 그것이 꼭 동정의 정을 의미한다고는 할 수 없을지라도, 마음을 정으로 하는 것에 주안점이 있음은 분명한 사실이다. 그런데 이천에 의하면 그것은 정에 치우친 것이다. 마음의 존양은 동정을 통해 일관되게 행해져야 하며 정에만 치우쳐서는 안 된다. 정에 치우치면 선禪에 빠질 위험성이 있다. 따라서 이천은 동정을 관통하는 경을 내세웠던 것이다. 경의 자의字義에 관해서는 뒤에서 다시 설명하겠지만, 사념을 제거하고 마음 본래의 면목을 발휘시키는 공부가 바로 경공부이다. 『중용』에 "계신공구戒愼恐懼" "신독愼獨"이라는 말이 있으며, 또한 『시경』에

"전전긍긍하여 살얼음을 밟듯이 한다"는 구절이 있다. 요컨대 이 구절들이 보여주고 있듯이 삼가 조신하는 반성적 공부가 바로 경인 것이다. 게 중에는 천제天帝를 대하듯 하는 경건한 마음을 경이라고 한 자도 있다. 반성적이라고 해도 그것이 꼭 소극적인 것은 아니다. 그 안에 성 또는 본심·진심을 활발발지活潑潑地하게 작용토록 하는 적극성도 갖고 있다. 이 점을 간과하면 근세의 유자들이 거경을 논한 본지도 알 수 없을 것이다.

경은 이천만이 아니라 명도도 언급했다. 그런데 이천의 그것은 엄숙한 것이었지만 명도의 그것은 이천과 달리 너그러운 면이 있었다. 여하튼 주렴계는 '주정'을 제창하였고 정자는 '거경'을 주장했다. 후세에 이르러 혹자는 주정을 종지로 하고 혹자는 거경을 종지로 하면서, 상호 대립하기도 하고 상호 융합하기도 하는 과정 속에서 그 설도 점차 깊이를 더해갔다. 주정을 종지로 하는 자는 정좌를 중시하였지만 그것이 좌선입정과는 다른 것임을 분명히 하였다. 거경을 종지로 하는 자는 물론이지만 주정을 종지로 하는 자들도 대부분 선禪

에 대해서는 비판적인 태도를 취했던 것이다. 그들은 어떤 입장에서 선을 비판하였던 것일까? 이 점을 잘 이해하지 않으면 그들이 주장한 주정설은 물론 주경설까지도 선의 심법과 구별되지 않을 우려가 있다고 하겠다.

선 비판

『채근담』에 다음과 같은 말이 있다.

가정에 참다운 부처가 있고 일상에 참다운 도가 있다. 성실한 마음과 온화한 기운, 즐거운 표정과 부드러운 말씨로 부모형제를 한 몸처럼 생각하고 서로 뜻이 통하면, 이것이 숨을 조절하고 마음을 관하는 수양보다 훨씬 낫다.*

이것은 어떤 의미일까? 사람들 중에는 부처[佛]를 과장되게 말하는 자가 있으나 사실 부처는 외부에 있

---

* 家庭有個眞佛, 日用有種眞道. 人能誠心和氣, 愉色婉言, 使父母兄弟間, 形骸兩釋, 意氣交流, 勝於調息觀心萬倍矣. (『채근담』)

는 것이 아니라 부모형제가 함께 살고 있는 가정 안에 있는 것이다. 세간에서는 도를 고원한 것으로 여기지만 사실 그것은 우리들의 일상생활 속에 있는 것이다. 우리들이 성실한 마음으로 기氣를 온화하게 하고 용모와 말씨를 부드럽게 하여 부모형제간에 서로 몸이 융합하여 하나가 될 때처럼, 마음이 소통되면 그것이야말로 참된 부처이고 참된 도道라고 할 수 있는 것이다. 이것이 좌선하여 조식관심調息觀心하는 것보다 훨씬 낫다는 것이 위의 내용이다. 선승 중에도 '평상심이 바로 부처'라거나 '나날이 좋은 날[好日]'이라고 말한 자가 있는데, 위에서 언급한 『채근담』의 논조도 이와 비슷하다고 할 수 있다. 『채근담』에서는 인간의 가정생활, 일상생활을 중시하여 그 안에 참된 부처 참된 도가 있다고 한다. 이와 같은 생각은 초월주의적 견해와는 약간 다르게 생각되기도 하지만 참된 초월은 앞에서도 말했듯이 현실로 되돌아오지 않으면 안 된다는 점을 감안할 때 이 입장도 초월주의에 입각해 있다고 할 수 있을 것이다. 그런데 애당초 참된 도는 현실의 일상생활 속에 있는 것이지, 그 이상의 세계나 그 이

외의 곳에 있는 것이 아니다. 다시 말해 도는 초월적인 것이 아니라 우리가 함께 하고 있는 공동생활 속에 있는 것, 즉 그 조리條理에 지나지 않는다.『채근담』이 이와 같은 도를 말한 것이라고 한다면 위와 같은 견해는 틀린 것이 된다. 그러나『채근담』은 이와 같은 입장을 적극적으로 인정하고 있는 것 같지도 않아 보인다.『채근담』은 홀로 좌선하여 자신의 마음 속에서 도를 구하는 것보다는 오히려 서로의 가정을 화기애애하게 하는 것이 바로 참된 도를 구하는 것임을 역설하고 있는 것이다. 이것은 앞에서 본 심야독좌深夜獨坐하여 관심觀心하라는 것과는 매우 다른 취지를 설하고 있는 것이다.

『채근담』을 읽으면 불佛을 중시하는지 인간을 중시하는지, 또는 불佛의 세계를 중시하는지 인간세계를 중시하는지, 그 어느 쪽이 아니면 안 되는지 하는 의문이 생긴다. 때로는 좌선하여 홀로 깨닫는 것보다는 오히려 먼저 자신의 가정, 사회, 국가를 귀중히 여기고 그것을 이상적인 것으로 만드는 것이 훨씬 중요하다는 입장이 보인다. 그리고 그와 같은 견해를 근원까지 소급해 올라가 보면 그것이야말로 인간본성에 입각한 절실한 염원인 것처럼 생각되기도 한다.

옛날 중국 제齊나라에 선왕宣王이라는 자가 있었다. 다음은 그 선왕의 이야기이다. 어느 날 선왕이 당하堂下를 내려다보고 있는데, 한 마리의 소가 끌려가는 모습이 눈에 들어왔다. 왕은 "어디로 끌고 가는 것인고?"하고 물었다. 그러자 "이번에 종을 준공하였기 때문에 희생의 피를 뿌려 그 종을 신성하게 하지 않으면 안 됩니다. 그래서 이 소를 희생으로 도살하려 합니다"고 대답했다. 그런데 소는 자신이 살해된다는 것을 알기라도 하는 듯 공포에 질려 버팅기고 있었다. 이것을 본 선왕은 아무런 죄도 없이 사지로 끌려가는 소를 차마 볼 수 없어 도살을 금지시켰다. 맹자는 이 이야기를 듣자 선왕을 향하여 "그것이 바로 인술仁術"이라고 하면서, 그 마음을 백성에게 미치도록 정치를 행한다면 왕도가 실현될 수 있을 것임을 역설하였다. 맹자에 있어서 이른바 인仁이란 '남에게 차마 하지 못하는 마음' 즉 측은지심惻隱之心(아파하고 연민하는 마음)으로, 인간의 본성에 이미 갖추어져 있는 것이었다. 인간에게는 이 측은지심과 더불어 수오지심羞惡之心(잘못이나 악행을 부끄러워하는 마음), 사양지심辭讓之心(겸양하여 자기를 낮추는 마음), 시비지심是非之心(선악을 판단하는 마음)이 인간 본성에 선천적으로 내재되어 있다. 측은지심은 인仁의 실마리[端]이고 수오지심은 의義의 실마리이며, 사양지심은 예禮의 실마리이고 시비지심은 지智의 실마리이다. 이 네 가지 실마리[四端]가 있어야 비로소 인간이라고 할 수 있다. 만일 이것이 없다면 인간은 금수와 다를 바 없다. 이 인의예지는 신信과 함께 오상五常으로 불리는데, 이것이 인륜의 근간으로 간주되었다. 그 중에서도 인仁은 다른 사덕을 포괄하는 최고의 덕으로 여겨졌다. 이들 덕은 본래 인간에게 갖추어져 있고, 아울러 인간의 사회적 공동생활을 이루는 조리條理의 근본이자 강령이라고 하는 의미에서 리理라 칭하였다. 물론 리는 "사물이 있으면 법칙(則)이 있다"고 하듯이 심신 내외를 막론하고 사물이 있는 곳에 반드시 존재하며 나아가 내재하는 것인데, 오상이 그 리理의 강목綱目으로 간주되었던 것이다.

이상주의에 의하면 인간의 심성은 본래 리이다. 따

라서 심성은 허虛가 아니라 실實이다. 리 그 자체는 사물에 내재하여 그것을 규정하고 존립케 하는 것이며, 따라서 실實인 것이다. 이런 까닭에 이상주의도 선禪과 마찬가지로 인생을 학문의 종지로 삼긴 하였지만, 그것은 어디까지나 실리實理를 구하기 위해서였다. 선은 꼭 그렇지만은 않다. 설령 그것을 부정하지 않고 그 존재를 인정하는 경우가 있었다 해도, 그것은 어디까지나 소극적이었고 따라서 그것은 제2의적 혹은 제3의적 의미밖에 갖지 못했다. 이렇게 볼 때 근세의 유자가 그들에게 비판적이었던 것은 당연한 귀결이라고 하지 않을 수 없다. 이들 유자는 어떠한 경우에도 이 세상 사람들과 함께 살면서 이상사회의 건설에 종사하는 것을 사명으로 여겼던 공자의 정신을 받들고 계승한 자들이기 때문이다.

이제 근세 유자의 선에 대한 비판의 개요를 간단히 서술하고자 한다. 이것이 좌선과 정좌의 차이를 이해하는데 하나의 계기가 되었으면 하는 바람이다.

선은 인륜을 알지 못한다.

왕양명은 젊었을 때 몸이 허약했던 탓도 있어 도교의 양생설을 실천하기도 하고 선에도 관심을 기울이곤 했다. 31세 때는 병약한 몸을 한탄하면서 세상을 버리고 사람들에게서 멀리 떠나 은둔하려고까지 결심한 적이 있었다. 그러나 아무리해도 그것을 단행할 수는 없었다. 아버지와 할아버지가 마음에 걸려 한시도 머리를 떠나지 않았기 때문이었다. 그 때 불현듯 생각나는 게 있었다. 이 육친을 생각하는 마음 그것이야말로 생래적生來的인 것이다. 도교나 선은 이 마음마저 단절시키려고 하지만, 그렇다면 인간 삶[生]의 본원을 끊어버리게 되는 것이 아니던가! 이렇게 생각한 그는 종래 매진하여왔던 도교나 선의 잘못을 깨닫고, 인륜을 제1의로 하는 유교로 다시 돌아왔던 것이다. 그 후 얼마 지나지 않아 양명은 전당錢塘의 서호西湖에 가서 병의 양생을 하게 되었는데, 거기에 머무는 동안 그 지역의 유명한 고찰들을 방문하곤 하였다. 어느 절에 갔을 때 한 선승이 3년간 '말하지도 않고 보지도 않는[不

語不視]'수행을 하고 있었다. 이것을 본 양명은 "화상은 도대체 종일 입을 씰룩거리면서 무엇을 중얼거리고 있는 것인가, 종일 눈을 두리번거리면서 무엇을 보고 있는 것인가?"고 일갈하였다. 그러자 그 선승은 깜짝 놀라 일어났다. 이에 양명은 집에 어머니가 계시지 않는가 물었다. 계신다는 대답이 왔다. 그러자 양명은 어머니가 생각나지 않는가 물었다. 선승은 생각하지 않고 있을 수 있겠느냐고 답하였다. 이에 양명은 그 선승을 향하여, 어버이를 생각하는 것은 인간의 본성임을 깨우쳐주고 그 자리를 떠났다. 다음 날 다시 그 절을 찾았더니 이미 거기서 그 선승의 모습은 찾아볼 수 없었다.

불어불시不語不視를 행하고 있는 승려에게 씰룩씰룩 중얼거리고 있다던가 두리번두리번 보고 있다고 하였으니 선승이 깜짝 놀라는 것도 당연하다. 이것은 선승이 사용하던 선기禪機를 역이용하여 선의 오류를 지적한 것이다. 옛 사람들은 이것을 '창을 빼앗아 방에 들어간다'고 말한다. 즉 상대의 창을 빼앗아 그 창으로 상대를 찌른다는 것이다. 송대의 유자 양구산楊龜山은 선을 비판하기 위해서는 이러한 방법이 아니면 안 된다고 역설하였다.

이상에서도 알 수 있듯, 유자는 선이 인륜을 버리는 것이라 비판하였다. 이것은 선에 국한되는 것이 아니라 불교 전체 혹은 노장에 대한 유자의 입장이기도 하였다. 그러나 유자 중에는 그래도 노장이 불교보다는 낫다고 생각한 자가 많았다. 노장은 심心을 허적虛寂하게 여길 뿐 아직 인간 공동생활의 도, 즉 가족・사회・국가를 떠받치는 리理마저 허적한 것으로 여기지는 않았음에 반해, 불교에서는 심만이 아니라 리도 허적한 것으로 간주하기 때문이다. 또한 노장은 리를 도의 근본으로 여기지 않기 때문에 본체를 허虛로 간주하여도, 음식남녀 등의 욕망을 전혀 무용한 것으로 주장하는 데까지는 나아가지 않는다. 그런데 불교에서 말하는 진공眞空은 그러한 것들마저 무용한 것으로 여긴다. 이러한 이유로 불교에 보다 비판적 태도를 취했던 것이다.

송대 초기에 석조래石徂徠라고 하는 유자가 있었다. 그는 인륜의 중요성을 주장하여, 인간생활에 군신의

의義, 부자의 친親, 부부의 별別, 붕우의 신信, 장유의 서序는 없어서는 안 될 것으로, 이것이 없으면 천하는 반드시 혼란에 빠질 것임을 주장하였다. 나아가 이것을 무시하는 노장이나 불교는 중국 본래의 세상을 다스리는 도에 어그러지는 것임을 역설하였다.

선은 경세를 목적으로 하지 않는다.

송대 중기에 장횡포張橫浦라는 유자가 있었는데 다른 유자들로부터 선학이라는 비난을 자주 받았다. 주자도 그의 해害가 맹수·홍수의 해보다 심하다고 비난할 정도였다. 이러한 비난을 받긴 했으나 장횡포는 사실 불교에 비판적이었다. '인간의 불행을 보고 차마하지 못하는 마음 즉 인의 마음에서 시작해야 비로소 백성과 고락을 함께하는 이른바 인정仁政이 이루어진다. 그러나 만일 차마하지 못하는 마음만 있고 백성의 불행을 보고 차마하지 못하는 정치를 하지 못한다면 그 마음은 협소하고 식견은 비루하다고 하지 않을 수 없다. 차마하지 못하는 마음으로부터 차마하지 못하는 정치를 행하는 것은 천리의 자연이다. 불교는 세간을 몽환夢幻이라 여기기 때문에 천리의 운용을 알지 못한다. 따라서 그들의 이법理法은 마치 팔다리는 없고 복심腹心만 있는 것과 같아 걸음조차 불가능하다'고 주장하였다.

주자나 후세의 주자학자들로부터 선심학禪心學이라 비난받았던 육상산陸象山도 유불의 차이를 경세와 출세로 규정하였다. 그리고 그 구별이 공도公道를 따르느냐 사도私道를 따르느냐의 차이에 있다고 보았다. 주자의 고제高弟 진북계陳北溪는, 인간 공동생활의 규범, 질서, 제도 등을 중시하는 것이 유교이고, 명막冥漠 속에서 도를 찾는 초경세적 입장을 취하는 것이 불교라고 주장하였다. 나아가 도는 인사人事의 리임에도 불구하고, 불교는 무를 설하고 공을 설하여 천지만물을 환화幻化로 간주하고 인사를 조적粗迹으로 여긴다고 비판하였다. 구양수歐陽修는 인간의 현실적 욕망을 인정한다. 다만 그것을 사회적 제도에 의해 조절해가는 곳에 유자의 본령이 있다고 주장하면서, 이러한 입장에서 불교와 대결하고자 했다.

근세 유자들 중에는 불교를 배척함에 있어 철리哲理 위에서 배척하지 않고, 승려가 일반인들과 다른 승복을 입는다든가, 사람들이 이 세상에서 살아가기 위해서는 군신이나 부자 등의 관계를 무시할 수 없음에도 불구하고 불교는 그것을 싫어하여 그로부터 멀리 벗어나려고 한다는 이유를 들어 비난하는 자가 있었다. 다시 말해 단지 그 생활태도 상에서만 비난하고, 심성의 미묘한 곳에서 그 오류를 지적하지는 않는 자가 있었다. 따라서 이러한 비판은 얕고 피상적이라고 말하는 자들이 있었는데, 주자는 반대로 이것이야말로 핵심을 찌르는 것이라고 역설한다. 왜냐하면 심성의 묘처妙處는 구체적인 사상事象과 일체이며, 따라서 사상에서의 비판이야말로 급소를 가격하는 것이라고 여겼기 때문이다.

여하튼 유자에 의하면 불교는 버려서는 안 될 인륜을 버리고 그 결과 경세를 목적으로 하는 대신 공을 설법하며, 경세는 오히려 깨달음의 장애가 된다고 보아 오로지 내적 심성에서만 도를 구한다. 유자는 이것을 '절륜기물絶倫棄物'이라고 비난하면서 불교의 이른바 사장事障·이장事障론에 날카로운 비난을 가한다. 예를 들어 불교는 심지법문心地法門을 일삼아 이 세상을 몽환으로 여긴다는 것이다. 그러나 주자 등은 '심지법문을 일삼는 것은 불교 초기의 일이고 후세의 불교는 그렇지 않다. 불교는 심성을 주로 하는 것으로 결코 현실성을 잃어버린 것이 아니다. 예를 들면, 선에서 '작용즉성作用卽性'이라고 하는 것이 바로 그것이다. '작용즉성'이란 현실의 사상事象 그 자체가 바로 불성이라고 하는 것이다. 따라서 불교나 선을 비난함에 있어 심성의 공을 설하여 현실성을 상실했다고 하는 것만으로는 충분하지 않고, 인륜이나 사물의 리를 제1의로 하는가 하지 않는가에 그 핵심이 있다'고 주장하였다. 진북계는 선의 '작용즉성'을 논평하여, 이것은 천지만물이 모두 나의 법신法身이라고 하는 것으로, 이것에 의하면 홍등가에서 노닐면서 자기의 욕망대로 행위하는 것도 불도佛道가 된다. 따라서 천리와 인욕을 혼동하는 것이라고 주장하였다.

불교에 '제법실상諸法實相'이라는 말이 있다. 이것은 불교가 현세를 몽환으로 간주하고 피안의 세계만을 응시하고 있지 않다는 것을 보여주는 말이다. 그렇다면 '제법실상'은 어떤 의미일까? 그것은 절대무의 입장에서 현실을 있는 그대로 인정하는 태도이다. 선에서 '내가 곧 부처'라고 하는 것도 마찬가지이다. 번뇌 중에 있는 나를 부정하여 그 궁극에 나아가면 반전하여 '번뇌가 곧 보리'가 된다. 내가 곧 부처가 되는 것이다. 그러나 이와 같은 긍정은 유교의 경우와 그 질이 다르다는 것을 잊어서는 안 된다. 앞서 언급했듯이 유교는 애초부터 인간 긍정의 입장에 서서 그 절대를 기한다. 절대란 무엇일까? 도의적 인간의 확립에 다름 아니다. 유교에서는 이와 같은 인간을 인간존재의 본래로 간주한다. 따라서 유교에서는 인간의 공욕公欲을 존중하고 사욕은 부정하면서 이 양자의 구별에 대해서 매우 엄격한 태도를 취한다. 그러나 불교의 경우에는 이 구별이 그다지 엄격하지 않다. 게다가 공욕에 대한 적극성도 없고 정열도 없다. 따라서 인륜을 말하거나 경세를 논하는 일이 있어도, 그것은 이른바 방편적인 것 또는 제2의적, 제3의적 의미밖에 갖지 못한다.

  유교의 입장에서 보면, 불교의 제법실상을 종지로

하게 되면 선악에 구애되지 않는 시대의 풍조에 휩쓸려 그것에 대한 비판적 견식을 갖지 못하는 폐해를 초래할 우려가 있다. 따라서 그들에게는 세상사를 의탁할 수 없다. 유자가 불교를 비판하는 경우, 대부분 그들이 치국평천하 즉 경세를 논하지 않는다는 점을 지적한다. 유교처럼 인간의 공동생활을 이상적인 것으로 여긴다면 반드시 인륜을 궁구하고 사물의 다양한 법칙을 강구하지 않으면 안 될 것이다. 유교가 학문지식을 중시하는 이유가 바로 여기에 있다. 이러한 연구를 유교에서는 '격물궁리格物窮理' 또는 '격물치지格物致知'라고 한다. 이것은 사물에 즉하여 그 리를 궁구하고, 그것에 의해 지지知를 다하는 것이다. 이 격물궁리의 유무가 유·불을 구별하는 기준이었다.

유교의 입장에서 보면 불교의 도는 실용성이 없다. 즉 인간의 공동생활, 사회생활에 도움이 되지 못한다. 유교는 사람과 함께 하는 피아상통彼我相通의 따뜻한 마음으로 외계의 사물을 부리어 그것을 인간의 사회생활에 도움이 되도록 한다. 단 사물을 부린다고 해도, 그것은 사물이 각각 그 본래의 리에 따라 그 적절한 장소를 얻게 하는 것이다. 그렇지 않으면 주관에 빠질 위험에서 벗어나지 못한다. 따라서 사물을 지배한다고 하는 것은, 사물이 그 본래로 돌아가는 것을 의미한다. 이런 까닭에 그들이 비록 심성의 학을 제창했다고 해도 그것은 결코 주관적 사의私意에 제멋대로 내맡기는 것을 의미하지는 않는다. 불교의 심학은 이러한 객관적 리에 따르는 것이 아니기 때문에 필연적으로 사회를 이끌 정책이나 제도에 대해 적극성을 띠지 않는다. 다시 말해 유교와 불교는 모두 심성의 학을 종지로 하지만 그 작용이 다른 것이다. 한 쪽은 경세를 추구하고 다른 한 쪽은 출세出世를 지향한다. 이런 맥락에서 양자는 본체는 동일하지만 작용이 다르다는 견해가 제시되기도 한다. 이것을 '본동말이本同末異'라고 한다. 그러나 말이 다른데 본이 같을 리 없다. 왜냐하면 체용은 일체이기 때문이다. 따라서 '본동말이'라는 말은 잘못된 것이다. 사실 유·불은 본말이 모두 다른 것이라 생각된다.

앞서 언급했듯이 선禪은 '직지인심直指人心'을 슬로건으로 한다는 점에서 심학이다. 근세의 유자들도 마음은 그 안에 만리萬理를 갖추고 만사에 응한다고 보기 때문에 역시 심학이다. 유자들 중에는 심을 말하고 리를 말하는 것이 유자이고, 심을 말하면서 기의 영묘함을 추구하는 것이 선이라고 주장하는 자들이 있다. 혹은 '양자 모두 심의 공함을 말하지만 유가는 성性을 따르기 때문에 심이 공한 것으로 간주되는 것이다. 즉 성은 실이고 사물의 법칙이다. 심의 공이란 무아무심으로 사물의 법칙을 따르는 것이고, 따라서 거기에는 재제보상裁制輔相이 있다. 이에 반해 불교는 심의 공을 말하지만 거기에는 재제보상이 없다. 그것은 성을 공으로 하기 때문이다'고 논하는 자들도 있다. 이러한 입장에 따르면 성을 실로 보느냐 공으로 보느냐에 따라 유·불의 구별이 생기는 것이다. '재제보상'이라는 말은 근세 유자가 자주 사용하던 것으로, 원래는 역易에 보이는 말이다. 유자는 이 말을 빌려 선과 대결하려고 하였다. '재제보상'이란 잘 조절하고 제어하여 과불급이 없도록 하는 것, 즉 중정中正의 도로써 사회를 인도하는 것이다. 유자는 이것이 우주의 위대한 도를 실현하는 방법이라고 여겼다. 요컨대 유자는 경세의 유무가 유·불의 구별을 낳는 원인이라고 생각했던 것이다.

선의 심성은 내외일관된 것이 아니다.

정명도는 유가는 "경을 갖고 안을 곧게 하고, 의를 갖고 밖을 반듯하게 하지만", 선은 "경을 갖고 안을 곧게 할 뿐" "의를 갖고 밖을 반듯하게 하지는 않는다"고 주장했다. 즉 선의 심학은 안에만 머물러 내외 상통하는 것이 아니라는 말이다. 이에 따르면 의義의 유무가 유·불의 구별을 낳는 것이 된다. 명도의 경의敬義론은 역易에 근거하고 있다. 역에 "군자는 경으로써 안을 곧게 하고, 의로써 밖을 반듯하게 한다. 경敬·의義가 서야 덕이 고립되지 않는다"는 말이 있다. 이것은 마음을 삼가 조신하여 안으로 바른 마음을 잃지 않고 도리에 맞는 행위를 하며 밖으로 반듯한[方正] 거동을 하면, 그 덕이 성대하게 되고 서로 도와 고립되는 일이 없다는 의미이다.

후대의 유자는 역易의 이 말에 근거하여 '경의내외'론을 주장한다. 사회의 공동생활을 중시하는 유자가

의를 중시하는 것은 당연하다고 하겠다. 이것은 노장이나 불교에 대한 유교의 무기이기도 하였다. 따라서 명도가 이 의를 들어 불교를 비판한 것은 당연한 것이었다. 유교에서는 인仁이 최고의 덕으로 간주되었는데, 인을 말함에 있어서도 반드시 의가 함께 언급되었다. 참된 인에는 반드시 의가 포함된다고 생각하였고, 따라서 단지 인만을 말하고 의를 말하지 않으면 결국 묵자처럼 무차별의 평등애平等愛가 되던가, 아니면 불교처럼 공허한 것이 되고 말 여지가 충분히 있다고 보았다. 유교의 인仁은 노자가 말하는 자慈나 불교에서 말하는 자비와 통하는 면이 없지 않지만, 의義와 예禮는 유교 독자적인 것이라고 할 수 있다.

여하튼 '경의내외'를 주장하는 것은 유교이고 그 도는 내외에 통하는 것임에 반해, 불교의 도는 단지 내에 머무는 것에 지나지 않는다고 생각되었다. 그런데 명도가 '경의내외'를 논함에 있어, 의를 들어 불교를 비판하고 경으로써 불교를 비판하지 않았던 것은 무슨 이유일까? 그것은 경을 경시했기 때문이 아니라, 단지 경만을 말하면 자칫 내적인 심에서만 공부를 하게 되어 선에 빠질 위험성이 있다고 생각했기 때문이다. 그런데 곰곰이 생각해보면 경이란 예禮의 마음이다. 따라서 유자 중에는 그것은 리이고 그렇다면 경은 결코 내에 머물러 있는 것이 아니라 외에도 통한다. 그러므로 그것은 오로지 내에만 집착하는 선의 심학과는 근본적으로 다르다고 주장하는 자들도 있었다. 그러나 이와 같은 경도 그것이 참으로 절대성을 갖기 위해서는 경이면서 동시에 경을 초월하지 않으면 안 된다. 다시 말해 무적無的인 것이 되지 않으면 집착이나 걸림에서 벗어나지 못한다. 따라서 소동파蘇東坡와 같이 '경의 타파'를 외친 자도 있었다.

이렇게 보면 유교와 불교는 모두 심의 공부를 말하면서도 그 성질이 다르다는 것을 알 수 있다. 다음에 인용하는 왕양명과 그 제자간의 문답은 그것을 잘 보여주고 있다.

> 어떤 자가 물었다. "석씨(불교) 또한 심의 수양을 행합니다. 그런데 어째서 천하를 다스릴 수 없는 것입니까?"

이에 양명은 "우리 유가에서의 마음의 수양은 사물을 떠나지 않는다. 단지 사물의 자연 법칙에 따르면 저절로 수양이 가능해진다. 그런데 석씨는 사물을 완전히 끊어버리고 심을 환상이라고 보기 때문에 자연히 허적에 빠지고 세간과는 전혀 교섭이 없게 된다. 따라서 천하를 다스릴 수가 없는 것이다"고 답하고 있다.*

선은 절대무를 얻은 것이 아니다.

왕양명은 "우리 성인만이 참된 허무 즉 허무의 절대를 얻은 것이고, 노장 아류의 선가仙家나 불교는 허무를 말하지만 그 참됨을 얻지 못하였다. 다시 말해 선가는 허를 말하지만 그 동기는 양생을 얻기 위한 것이고, 불교는 무를 말하지만 그것은 생사의 고해로부터 벗어나기 위한 목적 때문이다. 따라서 양자는 각각 허를 추구하고 무를 추구하지만, 거기에는 하나의 (의도적)

---

* 或問, 釋氏亦務養心, 然要之不可以治天下何也. 先生曰, 吾儒養心未嘗離卻事物, 只順其天則自然就是工夫. 釋氏卻要盡絶事物, 把心看做幻相, 漸入虛寂去了. 與世間若無些子交涉, 所以不可治天下. (『전습록』 하)

마음이 움직이고 있기 때문에 허무의 절대에 달할 수 없는 것이다"고 주장한다. 근세 유자는 다양한 입장에서 유교만이 허무의 절대를 얻은 것이고 노장이나 불교는 허무를 말하지만 그 참된 것을 얻지 못했다고 주장했다. 마찬가지로 유교만이 본체와 작용, 형이상과 형이하를 관통하는 절대적 일자 혹은 전체를 얻었고 이단은 그렇지 못하다고 주장하였다.

선은 절대의 자유를 얻지 못했다.

선禪은 물 위의 호로葫蘆를 갖고 그 절대자유의 경지를 설명하였다. 설당행雪堂行화상은 선문의 오경悟境을 다음과 같이 설명하고 있다.

> 그것은 물 위의 호로와 매우 비슷하다. 거기에는 조금도 집착이 없다. 밀면 미는대로 움직이고, 누르면

---

* 先生曰, 仙家說到虛, 聖人豈能虛上加得一毫實. 佛氏說到無, 聖人豈能無上加得一毫有, 但仙家說虛, 從養生上來. 佛氏說無, 從出離生死苦海上來, 卻於本體上, 加卻這些子意思在, 便不是他虛無的本色了. 便於本體有障礙.(『전습록』하). 위의 본문에서의 인용은 의역되어 있음.

그것에 따라 뒹군다. 완전히 대자재大自在 그것이다.

그런데 명말의 명유名儒 유념태劉念台는 이에 대한 유문儒門의 오경을 다음과 같이 주장하고 있다.

그것은 물 위에서 배를 운행하는 것과 같은 것으로, 조타가 우리 손 안에 있으므로 어떠한 위험이 있어도 그것을 돌파하여 가고 싶은 해안에 자유자재로 안착할 수가 있는 것이다.*

이것은 선禪과 유儒의 심학적 특색의 일면을 잘 보여주고 있다. 그에 따르면 선禪의 자유는 맹목적이고 유儒의 자유는 목적적임을 알 수 있다. 유교가 궁극적인 것으로 간주하는 심은, 인심의 자주성을 부정하고 초월적 입장에 서서 그 절대무를 말하는 선과는 달리 그 자주성 그대로가 이른바 '천지를 위치지우고 만물을 육성하는' 우주의 마음이고, 따라서 그것은 자연히

---

* 然則吾儒門旣悟時, 如水上行舟, 有柁在手, 常蕩蕩地, 無險不破, 無岸不登. (『유자전서劉子全書』 권12 「유편학언遺編學言」)

재제보상을 드리운 유무전일有無全一의 절대무에 입각해 있는 것이다. 바꿔 말하면, 그것은 단지 전전轉轉하는 자유의 마음이 아니라 일정한 방향 즉 주체성을 갖는 마음이라고 유종주는 생각했던 것이다.

이상, 선 또는 불교 일반에 대한 유자의 비평을 극히 대략적으로 서술하였다. 전문가의 입장에서 보면 더 논하고 싶은 곳도 있겠지만, 되도록이면 이해하기 쉬운 부분만을 간추려 서술하였다. 이러한 비평에 대해 선이나 불교 측으로부터의 반론이 있었음은 물론이지만, 여기에서는 그다지 필요한 것이 아니라 생각되므로 생략하기로 한다.

정靜 비판

정좌의 의의와 목적을 논하기에 앞서 그것에 대한 유자의 비판을 간단히 서술하기로 한다. 단 여기서 정좌에 대한 비판론을 소개하는 것은 정좌를 배척하기 위해서가 아니라 정좌의 참뜻을 왜곡하여 그 폐단에 빠지지 않도록 하기 위한 것임을 미리 밝혀둔다.

  정좌의 필요성을 언급한 유자들은 대부분 그것이 선정입정과는 다르다는 점을 강조하였는데, 그것은 정좌를 선정입정과 동일한 것으로 간주하는 자들이 있었음을 반증하고 있는 것이다. 양명도 처음에는 좌선을 통해 도를 깨달았기 때문에 문제門弟들에게도 정좌오입靜坐悟入을 설하였다. 그러나 점차 그것의 폐해를 알게 되면서 더 이상 그것을 입에 담지 않았다. 즉 문제門弟들이 정좌의 주지를 잘 이해하지 못하고, 무조건 동動을 싫어하고 황홀경恍惚境을 구하는 것으로 깨달음을 삼는 폐해가 생겨났던 것이다. 정좌에 관해서 양명은 제자와 다음과 같은 문답을 나누고 있다.

제자 : 고요한 때에는 우리 의사意思도 양호良好한 정태靜態에 있습니다만, 무엇인가를 하려고 하면 완전히 돌변합니다. 그것은 무슨 까닭입니까?

양명 : 그것은 단지 마음을 고요하게 기르는 것만 알고, 자기의 욕망을 극복하는 공부를 하지 않았기 때문이다. 그렇게 되면 실제로 일에 임했을 때에 마음에 동요가 생긴다. 따라서 일에 임했을 때 마음을 단련해가는 것이 오히려 마음의 안정을 얻을 수 있는 방법이 될 수 있다. 사실 이렇게 할 때 비로소 정명도가 말하듯이 '고요할 때도 정定하고 동할 때도 정定'해질 수가 있는 것이다."

제자 : 정좌하고 있으면 이 마음이 수렴되고 있음을

느낄 수 있습니다만, 일에 부딪치면 그것이 계속되지 못하고 점차 그 일을 이모저모 생각하게 되어버립니다.

양명 : 일에 임했을 때에 마음을 단련하도록 하여야 그 효과가 있게 된다. 정靜을 좋아하는 것 뿐이라면 일에 부딪힐 때 마음이 혼란해지고 결국 학문도 커다란 진보를 보지 못하게 된다. 고요한 때에는 마치 마음이 수렴되어 있는 듯 보이지만 실은 오히려 산만해져 있는 것이다.*

따라서 양명은 오히려 인욕을 제거하고 천리를 간직하는[存天理去人欲] 공부를 권장하고 거욕去欲을 강조하기도 하였던 것이다. 46세 경 양명은 조정의 명에 따라 반란군의 평정에 나서게 되었는데, 문인에게 서

---

* 問, 靜時亦覺意思好, 才遇事便不同如何. 先生曰, 是徒知靜養, 而不用克己工夫也. 如此臨事便要傾倒. 人須在事上磨, 方位得住, 方能靜亦定動亦定. (『전습록』상)

* 又問, 靜坐用功, 頗覺此心收斂. 遇事又斷了, 旋起箇念頭.……先生曰,……人須在事上磨鍊做工夫, 乃有益. 若只好靜, 遇事便亂, 終無長進, 那靜時工夫亦差. 似收斂而實放溺也. (『전습록』하)

한을 보내 '거욕'의 요체를 역설하고 있다.

> 일찍이 양사덕楊仕德에게 편지를 보내 "산중의 적을 쳐부수기는 쉬워도 마음속의 적을 깨부수기는 어렵다"고 말해 준 적이 있다. 내가 쥐새끼 같은 도적들[鼠賊]을 평정하였다해서 조금도 달라질만한 게 없다.*

따라서 양명은 정靜을 추구하는 공부의 결점을 다음과 같이 논하고 있다.

> 마음은 정靜이 그 본체이다. 그런데 다시 정에 의해 그 근원을 추구한다면 오히려 본체를 꺾어버리게 될 것이다. 동動은 마음의 작용이다. 따라서 단지 동요하기 쉽다고 해서 그것을 두려워한다면 작용을 폐하게 되어버릴 것이다. 정을 추구하는 마음은 동하고 있는 것이고, 동을 싫어하는 마음은 정靜하지

---

* 嘗寄書仕德云, 破山中賊易, 破心中賊亂. 區區剪除鼠竊, 何足爲異. (『왕양명전집』 권4 「여양사덕설상겸與楊仕德薛尚謙」)

않은 것이다. 그렇다면 동 또한 정이고 정 또한 동이 된다.

이에 따르면 정좌하여 마음의 정을 구하려고 하는 것 자체가 이미 마음에 동요를 초래하는 것이다. 따라서 양명은 '동정에 구애되지 않고 념념念念마다 인욕을 제거하여 천리를 보존하도록 하지 않으면 안 된다. 그렇지 않고 단지 마음의 정만을 추구하려고 한다면 정을 기뻐하고 동을 싫어하는[喜靜厭動] 폐단을 낳게 될 뿐 아니라, 인욕이 제거되기는커녕 점점 더 마음 깊은 곳에 잠복되어 무언가 일이 있으면 증장增長하게 된다. 천리에 따르도록 한다면 오히려 마음은 반드시 안정安靜을 얻게 된다. 반대로 단지 마음의 안정만이라면 그것을 얻어도 반드시 천리에 따르게 된다고는 단정할 수 없을 것이다'. 그는 이처럼 오로지 정만을 추구하는 태도의 모순을 지적하고 그러한 논리 위에서 주정공부를 배척하였던 것이다.

청조의 유자 육부정陸桴亭도 다음과 같이 언급하고 있다.

정중靜中에서 정을 구하는 것보다 동상動上에서 정을 구하는 것이 좋다. (중략) 정이란 리에 평안한 것이다. 아직 발하지 않았을 때에도 천리에 평안하고 이미 발했을 때에도 천리에 평안하며, 일이 없을 때에도 평안하고 일이 있을 때에도 천리에 평안하다. 이와 같이하여 공부가 점점 익어가면 천리도 통하게 된다. 그렇게 되면 천변만화해도 모두 정靜이 된다.

그는 정의 학문이 잘못이라고 하는 것이 아니다. 따라서 "정중에서 미발의 기상을 보라"고 했던 나예장羅豫章의 학이나, "정좌징심靜坐澄心하여 천리를 체인하라"고 한 이연평李延平의 학에 대하여 그 정당성을 재론할 여지가 없다고 하였던 것이다. 그러나 "정좌는 결국 폐해가 있다. 공부가 익숙해진 후라면 이것도 장애가 되지 않겠지만, 초학자가 이와 같은 공부를 한다면 선에 빠지지 않는 자가 없을 것이다"고 하여 정좌를 배격하고, 행주좌와行住坐臥 언제나 천리에 따르면 고요할 때는 물론 움직일 때에도 또한 정이라고 주장하고 있다. 「논학수답論學酬答」에서도 정좌를 비판하여 다음과 같이 말하고 있다.

> 몸을 정靜하게 하여 마음의 정을 구하는 것인가, 그렇지 않으면 마음을 정하게 하여 마음의 정을 구하는 것인가? 몸을 정하게 하여 마음의 정을 구한다고 한다면 몸이 동하면 마음도 정하지 않게 된다. 마음을 정하게 하여 마음의 정을 구한다고 한다면 이미 정靜한데 무엇 때문에 다시 정을 구하겠는가.

따라서 그는 '조금이라도 구하려 하면 곧 정하지 않다'고 말한다. 육부정은 이와 같이 초학자의 정좌에 대해 반대하고 있는데, 정학靜學을 말하는 자들은 거꾸로 초학자야말로 정좌가 필요하다고 주장한다.

선禪은 대체로 정을 주로 하는 것임은 앞서 언급한 대로이지만, 그 중에서도 임제선처럼 동의 입장을 중시하는 것과, 묵조선처럼 정의 입장을 중시하는 것이 있다. 송대의 대혜大惠나 일본의 하쿠잉(白隱) 등은 전자에 속하고, 송대의 굉지宏智나 일본의 도겐(道元) 등은 후자에 속한다. 대혜나 하쿠잉에 의하면 동처의 공부는 정처의 공부보다 수백 배의 효과가 있다고 한다.

성이나 심의 본체를 동과 정 둘 중 하나로 말한다면 정이라고 하지 않을 수 없다. 따라서 정공부의 필요성이 말해진다. 단 공부로서의 정은 시時에 속하고 본체는 시時를 초월한 것이므로 그러한 의미에서는 양자 공히 정이라고는 해도 그 차이를 무시할 수 없다. 그러나 본체는 時를 떠나서는 그 실재성을 잃어버리기 때문에 정시에도 그것에 즉하고 동시에도 그것에 즉하는데, 정시에 있어 그 순수한 체를 존양하여 그것을 먼저 세우는 것이 필요하다고 하는 것이 주정을 말하는 자들의 주지主旨이다.

그렇다 해도 막연히 심을 정하게 하는 것만으로는 아무 것도 되지 않는다. 본체는 원래 초감각적인 형이상의 존재이기 때문에 그 작용·발동상을 떠나서는 그것을 인식할 수 없다. 따라서 정의 존양공부를 하기에 앞서 먼저 본체가 막 발동하려고 하는 조짐 즉 기미에 관하여 그 순박純駁, 진망眞妄의 구별을 찰식하는 것이 무엇보다 필요하고, 그 후에 비로소 정靜의 존양공부를 해야 한다. 그렇지 않으면 선과 같이 공견空見

에 빠져버리게 될 것이라고 생각한 자들도 있다. 이른바 '이발의 찰식' '단예端倪의 찰식'을 학의 본령으로 하는 까닭이 바로 여기에 있는 것이다. 이와 같은 입장을 취하는 자들은 주정의 학은 단지 체만 있고 용은 없다, 즉 공적空寂에 빠져 실용을 잃은 것이라고 비판한다.

Chapter 03
정좌체인론 靜坐體認論

정좌와 인仁

'정좌체인'이란 정좌로 마음을 수렴하여 천리가 어떠한 것인가를 체험에 의해 인식하는 것이다. 체인은 단지 지식에 의해 인식하는 것과는 다르다. 그것은 추상적 작용이 아니라 전체적이고 생명적인 활동이다. '정좌체인'은 원래 송대의 유자인 이연평이 학문의 본령本領으로 주장한 것인데, 일본의 주자학자들에게도 계승되었다. 그 중에서도 막말유신의 주자학자로 에도번(江戶藩)의 유자였던 쿠스모토 단잔(楠本端山)이 정좌체인에 깊은 관심을 가졌다. 그의 학문은 그것에 의해 깊이 있고 정치하게 다듬어졌는데, 이 점에 있어서는 당시 그를 따를 자가 없을 정도였다. 금후 유학사상이 다시 각광을 받는 시기가 도래한다면 단잔의 정좌체인론은 분명 주목받게 될 것임에 틀림없다. 본장에서는 주로 그의 정좌체인론을 소개하기로 한다.

근세유학의 거장 주자에 의하면 인간 공동생활의 리는 인성에 내재한다. 따라서 만물의 리는 곧 우리의 성性이고 우리의 성은 곧 만물의 리가 된다. 또한 성에 내외가 없기 때문에 성을 구하려고 하면 먼저 물物에 나아가 그 리를 구할 필요가 있다. 다시 말해 격물궁리는 바로 진성盡性인 것이다. 만일 그렇지 않고 성을 내적인 것으로 여겨 단지 심에서만 그것을 구하려고 한다면 선에서 말하는 '견성성불見性成佛' '직지인심直指人心'과 같이 결국 인간 공동생활을 이끄는 리를 상실하게 되고 따라서 거기에서는 경세를 기할 수 없게 될 것이다. 그러나 앞서 언급했듯이 성은 심의 체이고, 심은 몸의 주재로서 영활靈活한 것이다. 따라서 이 심을 존양함에 있어 단지 밖에서만 물의 리를 구한다면 주객이 전도되거나 성명性命의 총체를 지리멸렬하게 할 우려 또한 없지 않다. 따라서 거경居敬을 갖고 심을 존양하지 않으면 안 된다. 이렇게 해서 주자는 궁리와 거경의 병용竝用을 주장하게 된다. 이것은 물론 정이

천의 설에 근거한 것이었지만, 주자에 이르러 궁리는 더욱 박대博大해졌고 거경은 더욱 심절深切해졌으며 나아가 양자의 상즉일체相卽一體가 한층 강조되었다고 할 수 있다. 단 주자학에 있어서는 궁리를 먼저하고 거경을 뒤에 하는 경향이 있고, 또한 고매한 이상적 입장에 서 있었기 때문에 리의 객관성과 순수성이 강조된 결과 곧바로 '심즉리'라 하지 않고 '성즉리'를 주장했던 것이다. 그러나 그 결과 자칫하면 활발발지活潑潑地한 전체성·생명성을 결하게 될 우려 또한 없지 않았다. 따라서 명대의 왕양명은 성을 곧바로 심에 즉하여 구하고, 리를 곧바로 심에 즉하여 '성즉심' '심즉리'라고 하였던 것이다. 이것은 육상산陸象山의 설에 근거하고 있는데, 자칫 주관의 독단이나 사정肆情(정을 제멋대로 함)에 빠져 자신의 정의情意를 제멋대로 하는 것이 곧 천리에 따르는 것이라고 왜곡할 여지 또한 없지 않았다.

명말의 유자는 혹은 주자학을 혹은 양명학을 종지로 하면서도, 주왕 양학의 장단점을 취사·절충하고 나아가 국보간난國步艱難 하에서의 진절眞切한 체험을 심성학에 도입하여 시세時世를 구제하려는 정열에 불타 있었다. 주자·양명 이래 이들에 이르러 비로소 유학이 청신淸新한 광채를 발하게 되었던 것이다. 그런데 청조에 이르면 이러한 학문도 정부의 탄압을 받고 결국 쇠미衰微의 길을 걷게 된다. 그러나 일본에서는 다행히 막말유신의 유자들에 의해 계승·발전하게 된다.

원래 유교는 일본의 국민성과 일치하는 사상이었다. 따라서 처음 일본에 전래되었을 때에도 별 저항감 없이 받아들여졌다. 청말의 혁신 사상가 강유위康有爲가 일본에 망명하였을 때, 유교가 일본 국민 속에 깊이 침투되어 있는 것을 보고 경탄해마지 않았다. 사실 유교는 중국보다도 오히려 일본에 보다 적합한 것이 아닐까 생각되기도 한다. 이에 반해 불교가 처음 일본에 전래되었을 때에는 유교의 경우와 달리 여러 문제를 야기했다. 불교의 전래는 유교보다 약 100여년 후의 일인데, 이때 그것을 받아들여야 할까 받아들이지 않아야 할까에 관한 격렬한 정쟁政爭이 있었음은 이미 널리 알려진 사실이다. 그러나 세월이 지나면서 불교도 일본인에게 수용되어 일상생활 속에 침투하게 되었고, 나아가 일본화되면서 새로운 불교의 흥성으로 이어졌다.

막말유신의 유자들에게 전승된 명말사상도 시세가 시세였던만큼 유자의 절실한 체험에 국가의식이 수반된 형태로 수용되었다. 그들도 결국에는 주자학이나 양명학을 종지로 하게 되었지만, 종래의 유자들과 다른 점은 위에서 언급했듯 절실한 체험을 학문의 근본으로 했다는 것과, 명말의 대유大儒 고충헌高忠憲, 유념태 등 신주자학자나 신양명학자의 사상을 통해 주자학과 양명학을 수용하였다는 점이다. 고충헌과 유념태는 모두 정국의 혼란과 기강의 퇴폐 속에서 체험을 중시하는 순정純正한 심성의 학을 제창하고 가르치다가 결국 순국하였던 비운의 유자로, 그들의 순국의 지정至情은 청사에 길이 남을 일이었다. 고충헌은 주자학이 지향하고 있는 순수하면서도 객관성을 갖는 엄정한 리가 이른바 '그 고향을 알지 못한다'고 말해지는 영활한 심과 묘결妙結한다는 점에 주목하고, 정좌를 통해 마음을 수렴하여 이 리를 체험하는 것을 학문의 제1의로 삼았다. 따라서 그는 주자학을 종지로 하면서도, 영활한 심에 보다 많은 주의를 기울였던 양명학에서도 섭취하는 바가 있었던 것이다. 유념태는 양지를 천리로 간주하는 양명심학이, 당시 공허한 지각주의에 빠져 사의私意에 방탕해지는 폐해를 초래하였기 때문에 그것을 구하고자 하였다. 그래서 심의 주재로서의 의意에 천리가 있다고 주장하면서 성의誠意를 학문의 본령으로 삼아 양명학의 폐단을 없애고자 하였다. 또한 동시에 그 무렵 형해화되고 지리支離함에 빠져있던 주자학의 폐단도 구하고자 하였다. 큰 틀에서 보자면 고충헌은 양명학을 경經으로 한 주자학자이고, 유념태는 주자학을 경으로 한 양명학자라고 할 수 있다. 단잔의 학문은 이 두 사람의 학문, 그 중에서도 특히 고충헌의 영향을 많이 받았다.

단잔이 심성의 유학에 돈독한 뜻을 갖게 된 것은, 카에이(嘉永)4년 에도의 사토 잇사이(佐藤一齋)*의

---

* 1772~1859. 명은 坦, 자는 大道, 통칭은 幾久藏, 호는 一齋. 막말 유림의 거장으로 문인이 약 3000명에 이르며, 그의 문하에서 수많은 명유名儒들이 배출되었다. 그의 학문은 주자학적 입장을 취하면서도 양명학적 기풍을 상당히 받아들이고 있어 '양주음왕陽朱陰王'으로도 불린다. 『사토잇사이전집佐藤一齋全集』이 있다.

문하에 있을 때 잇사이의 고제 요시무라 슈요(吉村秋陽)와 오오하시 토츠앙(大橋訥庵)*의 강의를 듣고부터였다. 그때까지는 히라도(平戶)에 거하면서 오로지 시문을 짓거나 경서를 암송하는 이른바 '사사기송辭詞記誦'의 학에 열중하였었다. 에도에서 스토(須藤) 모某 씨에게 부친 서간에서 그는 다음과 같이 말하고 있다.

> 나는 지금까지 잘못된 학문을 하고 있었다. 그러므로 내가 지은 시문은 부박연약浮薄軟弱하여 일고의 가치도 없는 것이다. 그 후 좋은 선생과 친구들을 접할 수 있게 되면서 비로소 지금까지의 잘못을 반성하고 학문이 크게 바뀌는 계기가 되었다.

구학舊學의 잘못을 깨달은 단잔은「회당기悔堂記」라는 글을 써서 자신의 뜻을 기술하였다. 그리고 그것을

---

* 1816~1862. 명은 正順, 자는 周道, 통칭은 順藏, 호는 訥庵. 1835년 사토 잇사이의 문하에 입문하였다. 그는 존왕양이尊王攘夷를 강하게 주장하고 그에 관한 저서를 저술하여 왕정복고를 기도하였다. 분큐(文久)2년 포로가 되어 7월 옥중에서 병사하였다. 저서로『주역사단周易私斷』『벽사소언闢邪小言』『성리비언性理鄙言』등이 있다.

요시무라 슈요에게 보이자 슈요는 「회당설悔堂說」을 지어주면서 그를 격려하였다. 그러나 단잔은 슈요보다는 토츠앙의 학문 쪽에 마음이 끌렸던 것 같다. 토츠앙을 만난 단잔은 그의 학문의 심원함과 수행의 고상함을 보고 크게 감격하여 "이 사람을 만나지 못했다면 일생을 헛되게 보냈으리라"고 자신의 심경을 토로하고 있다. 슈요의 학은 양명학을 주로 하였고, 토츠앙의 학은 당시 고충헌과 유념태의 중간쯤에 자리하면서 주자학에 기울어져 있었다. 뒤에 토츠앙은 오로지 주자학을 종지로 하게 되는데, 그 무렵 단잔도 고충헌의 학을 떠나 야마자키 안사이의 주자학 즉 기몬(崎門)학에 의거하여 오로지 주자학만을 좇게 된다. 그때부터 단잔은 슈요의 학은 물론 토츠앙의 학에서도 불만을 느끼게 되었고, 그들과의 사이도 점점 소원해지게 되었다.

    단잔의 심성학은 정좌를 입문으로 하는데, 이것은 토츠앙을 통해 고충헌의 학을 종지로 하였던 때문이기도 했다. 단잔은 정좌에 의해 우선 심성의 본래 면목을 깨닫는 것을 학문의 요체로 하였다. 그리고 마음에서 깨닫는 바가 있으면 그것을 바로 문자로 기록하였는데, 그것을 집록集錄한 것이 「학습록學習錄」상하2권이다. 그것을 보면 단잔의 학문의 대강을 알 수 있다. 「학습록」은 처음에는 「학사록學思錄」이라고 이름하였다가 후에 「학습록」으로 바뀌었다. 그것이 언제쯤인지는 확실치 않으나, '학습'이라는 말이 『논어』의 "학이시습지불역열호學而時習之不亦說乎'에서 따온 것만큼은 분명하다 하겠다.

「학습록」의 모두冒頭에 다음과 같은 글이 보인다.

> '가슴 속에 가득 찬 것이 측은지심'이라는 말처럼 천지간도 모두 측은지심으로 충만해 있다. 그래서 우물에 빠지는 어린아이를 보거나 당하에 끌려가는 희생의 소를 보면 마치 내 몸이 찔리듯이 척연戚然하게 가슴이 저며 오는 것이다.

그는 이 문장 바로 밑에 "정좌하던 중에 약간 심체를 깨달았기 때문에 바로 이 글을 기록하였다"는 주를 달고 있다. 측은지심은 맹자의 이른바 '인의 단서[仁

之端]'이다. 따라서 단잔은 정좌에 의해 심체의 인仁을 깨달았다는 것이다. '가슴 속에 가득 찬 것이 측은지심'이라는 것은 정명도가 말한 것인데, 단잔은 정좌에 의해 자신의 가슴 속 만이 아니라 천지간에도 이 마음이 충만해 있음을 깨달았다.

명도는 왜 '가슴 속에 가득 찬 것이 측은지심'이라고 했던 것일까? 명도에 의하면 인仁이란 우주의 생의生意 즉 물物을 낳는 마음이 나에게 내재해 있는 것으로, 이것은 사람들이 서로 친애하고 공생하는 원리이다. 따라서 인자仁者에게 있어서는 인간사회의 일이 모두 그대로 자기의 일로 간주된다. '가슴 속에 가득 찬 것이 측은지심'이라는 말은 이와 같은 우주의 생의가 내 몸에 내재해 있음을 체험한 결과 도출된 것이었다.

명도는 이러한 인을 자각[識]하면 천지만물이 모두 나와 일심동체가 된다는 것에 주목하였다. 인간이 참으로 자신의 생명을 존중한다면 먼저 자기의 본성이 인仁함을 자각하지 않으면 안 된다. 물론 명도에게 있어서 의, 예, 지, 신의 사덕도 자기 본성을 이루는 것이긴 하지만, 그것들은 인仁을 다른 방면에서 본 것에 지나지 않는다. "그리고 (다른 사람들은) 이 인을 성誠, 경敬하게 존양해야지 그렇지 않고 단지 자각하는 것만으로는 실천없는 이론으로 끝나버릴 것이라고 역설하였지만, 명도는 여전히 식인識仁을 제1의 요건으로 간주하였다." 원래 그는 일거에 도의 궁극을 깨달아내는 역량을 갖고 있었는데, 그것은 천성의 영민함에 의한 것이라고 생각된다. 주자는 명도의 학을 존신尊信하였지만, 제자들에게는 명도와 같은 역량이 없는 한 그 흉내를 내서는 안 된다고 가르쳤다. 명도는 앞서 언급했듯 정좌를 행하였지만, 마음을 청징수렴淸澄收斂하여 천리를 체인하는 길이 정좌 이외에는 없다고 생각했던 것은 아니다. 또한 앞서 언급했듯이 명도의 정좌에는 화기애애한 기풍이 있어 너그럽고 관대하였다.

단잔의 성격이나 기상은 명도와 매우 흡사하며 학풍 또한 서로 통하는 곳이 있었다. 그러나 단잔의 경우 명도와 달리 정좌징심하여 천리를 체인하는 것을 학문의 본령으로 삼았다. 여기에서 잠깐 단잔과 섹스이 형제에 관해 한마디 언급해두기로 한다. 단잔에게는 네 명의 형제가 있었다. 막내는 요절하였지만 다른 삼형제는 함께 학문에 정진하였다. 이 세 명 중에서 섹스이가 가장 유명하다. 단잔도 섹스이도 모두 기몬학을 신봉한 주자학자였으므로, 그 둘의 학풍 역시 흡사한 점이 많았다. 다만 성격이나 기상이 다소 상이했고, 그것이 그들의 학풍이나 언동에도 영향을 끼치고 있었다. 단잔을 명도에 비교한다면 섹스이는 이천에 비교된다. 메이지의 유자 미시마 츄슈(三島中洲)*는 「단잔선생유서端山先生遺書」를 읽고 다음과 같은 시를 지었다.

尊崇宋學極精硏, 一卷遺書萬世傳, 西海二程名不負, 伯如明道叔伊川.

송학을 존숭하여 정연을 다하였네. 한 권의 유서 만세에 전하니, 서해의 이정에 못지 않구나! 형은 명도와 같고 동생은 이천과 같도다!

---

* 1830~1919. 명은 毅, 자는 遠叔, 호는 中洲. 초기에는 야마다 호코쿠(山田方谷)에게서 사사했으나, 이후 사이토 토츠도(齋藤拙堂), 사토 잇사이 등에게 사사함. 유신후 법관으로 여러 관직을 거쳤는데 1878년 퇴관하여 니쇼가쿠샤(二松學舍)를 열고 제자 육성에 진력함. 후에 동경제국대학 문과대학 교수를 역임.

단잔이 궁극의 도로 여긴 것은 무엇이었을까? 잠시 그것에 대해 한마디 설명해두기로 한다. 단잔은 메이지16년 3월 18일, 56세로 세상을 떠났다. 병석에서 일찍이 '사천휴명俟天休命(천의 휴명을 기다린다)'이라는 네 글자를 썼는데, 이것이 그의 마지막 필적이 되었다. 이것은 단잔 사상의 귀결점을 서술한 것이라 할 수 있다. 이에 관해서는 단잔의 손자로 재작년 서거하신 큐슈(九州)대학명예교수 쿠스모토 마사츠구(楠本正繼)박사가 다음과 같이 설명하고 있다.

  단잔이 말하는 이른바 천이란 인仁에로 돌아가는 사랑으로 자상온화慈祥溫和하고 생생生生하다. 그러므로 단잔에 의하면 체란 실체에 다름 아니다. 말하길 "체는 곧 용이고 용은 곧 체이다". '정복靜復'의 공부가 서는 것은 바로 여기에 있다. "천의 휴명을 기다린다"고 하는 경서의 말은 단잔이 스스로 믿었던 구경究竟의 경지를 나타낸 것임에 틀림없다. 실은 그것이야말로 그의 일생을 꿰뚫는 것으로, 정치, 학문, 시문時文에 걸쳐 생활의 근저를 받쳐주고 있던 것이다.

이에 따르면 단산이 추구했던 궁극의 도는 자애와 화기로 타물을 낳고 한없이 양육하는 천의天意 즉 인仁에 다름이 아니었다. 이것이 바로 단잔의 정치, 학문, 시문 및 생활전반을 관통하는 본체였다. 그는 정좌에 의해 우선 이 본체를 체인함으로써 인간의 본성에 돌아가는 것을 학문의 본령으로 삼았던 것이다. '정복'이라는 두 글자가 그 내용을 잘 전해주고 있다. 이 말은 원래 『노자』에 보이는 것이지만, 단잔의 경우 인간 공동생활의 도를 버리고 천도에 복귀하려고 했던 노자와 다르다는 점은 새삼 말할 필요조차 없을 것이다. 단잔은 이 두 자를 전각篆刻하여 항시 애용하였다.

복칠규復七規

에도시기의 단잔은 오로지 정좌체인의 학에 정진하였다. 그 사이 친구인 신구 시케이(新宮士敬)와 마츠시마(松島)를 여행한 적이 있었는데, 여행지에서도 학문을 쉬지 않았다고 한다. 그런데 그의 공부는 원래가 쉬운 것이 아니기도 했지만, 만일 한 발이라도 잘못 디디면 폐단을 낳는 그런 것이었다. 그도 그럴 것이 정경靜境(고요한 경지)을 얻으려는 그 자체가 이미 마음을 동요시키는 것이었고, 나아가 이것을 수행하려고 할 때 결국 그림자[影像]를 추구하면서 참됨을 얻었다고 잘못 생각할 위험뿐만 아니라, 조장助長의 폐단에 빠질 위험성도 다분히 있었기 때문이다. 조장이란 『맹자』에 보이는 말인데, 맹자는 '벼의 성장이 더딘

것을 한탄해 그것을 빨리 자라나게 하려고 (힘으로 무리하게) 당겨놓는 것'이라고 설명하고 있다. 그리고 도를 추구함에 있어 이 조장이 얼마나 심각한 폐해를 초래하는가에 대해 역설하고 있다. 요컨대 조장이란 인위에 의해 본래의 성명을 어그러뜨리는 것이다. 따라서 조장하게 되면 천리의 자연성을 상실하게 된다. 단잔은 바로 이것을 걱정했던 것이다. 「송도행기松島行記」중에 다음과 같은 글이 보인다.

> 8월 20일은 매우 고요했다. 그래서 엄숙하게 정좌를 행하였지만 마음은 폭풍처럼 세차게 동요했다. 이곳이 여행지이기 때문이라고 생각했었지만, 곧바로 크게 반성하고 수렴공부가 이렇게 미숙해서야 일에 임할 때의 마음의 동요는 어떻게 할 것인가를 생각했다. 그리고 더욱 강력하게 마음을 속박하여 기가 흐트러지지 않도록 하지 않으면 안 된다고 여기고 그것을 실행하였다. 그러자 마음의 평안은 조금 얻은 듯 했지만, 갑자기 이것이 바로 조장이라는 것에 생각이 미쳤다. 그래서 다시 스스로를 경계하

고 단지 '이르는 곳마다 천리를 체인'하는 것이 최상이라고 다짐했다.

'이르는 곳마다 천리를 체인한다'는 것은 왕양명의 강우講友였던 담감천湛甘泉이 학문의 종지로 삼았던 것이다. 감천은 명도의 '천리체인'을 신봉한 학자인데 '수처隨處'라는 두 자를 거기에 덧붙였던 것은, 동처에서 천리를 체인하면 정처에서의 체인은 용이하지만 반대로 정처에서 체인하였다고 해도 막상 동처에서는 그것이 별 도움이 되지 않아 마음의 동요를 벗어날 수 없다고 생각했기 때문이다. 정좌체인의 공부에 있어서 조장의 폐해를 통감한 단잔이 감천의 '이르는 곳마다 천리를 체인한다'는 학문에 마음을 기울이게 된 것은 당연한 귀결일 것이다.

이렇게 하여 단잔의 체인의 학은 한층 성숙해갔다. 그러면서도 그는 이것 역시 인위를 벗어나 자연이 되지 않으면 안 된다는 것을 깨닫게 되었다. 그간의 고심苦心은 그가 당시 존숭해마지 않았던 고충헌의 「곤학기困學記」에 보이는 절실한 체험과도 상통하는 곳이 있어 간단히 소개해두기로 한다. 이 글을 통해 충헌의 체인의 학이 얼마나 정치하고 간절했던가, 그리고 그것을 종주로 했던 단잔의 체인의 학이 얼마나 깊고 간절했던가를 알 수 있었으면 한다.

갑오년 가을 게양揭陽에 갔다. 스스로를 반성해 보니 흉중에서 리와 욕이 서로 다투어 마음이 각별히 안정되지 못했다. 무림武林에서 육고초陸古樵, 오자왕吳子往과 수일간 담론 하였다. 어느 날 고초가 갑자기 "본체는 어떤 것인가?"하고 나에게 물었다. 나는 이 말을 듣고는 망연했다. "소리도 없고 냄새도 없는 것"이라고 대답은 했지만, 실은 정말로 깨달은 곳을 말한 것이 아니라 입에서 나오는 대로 내맡긴데 지나지 않았다. 잠시 후 양자강을 건너게 되었다. 그날 밤은 만월이어서 달빛이 속세의 찌든 때를 씻어내듯 밝게 빛나고 있었다. 얼마 후 육화탑六和塔 근처에 자리잡고 앉았는데 양자강 주변 산들의 경치는 곱고 아름다웠다. 친구와 함께 잔을 주고받았는데 그때가 가장 즐거웠다. 그런데 갑자기 그 즐거움이 사라지고 속박된 기분이 들었다. 감흥을 일으키려 힘써 노력했지만 마음이 따라 주지 않았다. 밤이 이슥해지자 그들과 헤어져 배에 올랐다. 그리고 오늘 본 경치는 그렇게 명미했는데 내 심중은 어떠했는가를 통절히 반성하고 그 근원을 찾기 시작했다. 그랬더니 도를 아직 보지 못하였고, 심신에 받아들임도 전혀 없었다는 것을 비로소 알게 되었다. 이에 크게 발분하여 여행 중에 이 문제를 해결하지 않으면 무엇 때문에 이 세상에 태어났는지 무의미하지 않는가 되뇌었다. 다음날 배 안에 자리를 만들고 엄격한 과정을 만들어 주자의 소위 "반일정좌半日靜坐, 반일독서半日讀書"를 실행하였다. 그리고 정좌하여도 마음의 안정을 얻을 수 없는 때에는 정자와 주자의 가르침을 참고로 하여 정명도가 말한 '성경誠敬' 주렴계의 '주정主靜' 그리고 양구산과 나예장이 말하는 '희노애락의 미발을 보는' 공부, 이연평의 "정좌징심靜坐澄心, 체인천리體認天理" 등의 공부를 하나하나 행하였다. 온종일 이것을 염두에 두고 밤에도 옷을 벗지 않고 고단해지면 자고 잠에서 깨어나면 다시 정좌하였다. 이와 같은 일을 계속적으로 반복 실행하였다. 마음이 청징淸澄한 때에는 그것이 천지간에 충만한 듯한 기분이었지만, 문제는 언제나 그와 같지는 않다는 것이었다. 어느새 여행에 나선지도 2개월. 다행히 번잡한 인사人事도 없었고 게다가 산수는 맑고 아름다웠다. 주인과 하인이 서로 도와가며 평온한 여행을 계속하였다. 밤이면 술을 몇 순배 기울였다. 배를 청산에 정박시키고 연못을 이룬 계곡 주변을 배회하였으며, 반석 위에서 정좌하기도 하였다. 계곡 물은 청량한 소리를 내면서 흐르고, 새는 아름다운 목소리를 자랑하였으며, 나무들은 울창했고 대나무는 하늘을 찌를 듯 솟아있었다. 이처럼 내 마음을 기쁨으로 넘치게 하는 많은 것들이 있었지만, 마음은 그것에 집착하여 걸리는 일이 없었다. 정주汀州를 지나고부터는 육로를 취했다. 한 채의 여관이 있었는데 거기에는 자그마한 누각이 있었다. 그것은 앞에는 산, 뒤에는 계곡과 접해 있었는데 올라보니 매우 상쾌하였다. 마침 이정전서를 손에 들고 있어 그것을 펼치자 "아무리 관무官務가 바쁘다 해도, 아무리 큰 전쟁이 일어났다 하더라도, 또한 물마시고 팔배게하고 자는 가난한 생활이라 하더라도, 즐거움은 그 안에 있는 것이다. 온갖 변화는 모두 마음이 짓는 것에 지나지 않으니, 기실 아무런 일도 없이 무사無事인 것이다"는 명도선생의 말이 보였다. 문득 인생은 본래가 아무런 일도 없이 무사無事하다는 것을 알았다. 그러자 지금까지 몸에 휘감겨 떨어지지 않았던 일념이 갑자기 사라졌다. 이때는 마치 어깨에서 백 근의 짐을 벗어버린 느낌이었다. 그러자 또한 일순 번개가 번쩍인 것처럼 본체가 투시되었다. 그리고 마침내 변화무궁한 조화와 융합일치하고, 나아가 천과 인仁, 내와 외의 간격이 사라졌다. 그러자 천지사방은 모두 나의 마음이 되고, 몸은 우내宇內, 방촌의 마음이 그 토대가 되었다. 그것은 신명神明이 그렇게 한 것이겠지만 이 모든 일을 도대체 어떻게 설명해야 할지 알 수 없었다. 배우는 자가 평생의 깨달음을 호들갑스럽게 말하는 것에 대해 천하게 생각했었는데, 이때의 깨달음은 완전히 평상平常 그 자체였다. 그래서 이 평상의 공부가 사람들에게 매우 중요하다는 것을 알게 되었던 것이다.

고충헌의 「산거과정山居課程」에 의하면, 그는 산거의 일과로 조식 전에는 향을 사르고 역을 읽었으며, 조식 후에는 독서하고, 중식 후에는 산보하거나 시를 노래하면서 혼기昏氣가 생겨나면 명목瞑目하여 잠시 휴식을 취하면서 차를 마시거나 향을 살랐다. 그리고 마음을 상쾌하게 하고 나서 독서를 시작한다. 저녁때가 되면 독서를 멈추고 선향 하나가 다 탈 때까지 정좌를 한다. 저녁 해가 넘어갈 때 쯤 외출하여 구름을 쳐다보고 나무를 손질한다. 저녁밥은 담백한 것으로 하여 반주를 한다. 그리고 흥겹고 기분 좋아지면 발길가는 대로 산보한다. 취침 전에 다시 정좌하고 졸리면 자는, 이러한 생활을 하고 있다. 이것은 주자가 말한 "반일정좌半日靜坐, 반일독서半日讀書"를 몸으로 실천한 것이라 할 수 있다. 고충헌이 얼마나 정좌에 진력했는가는 그의 시 가운데 정좌를 노래한 것이 매우 많다는 것에서도 추측할 수 있다. 그 중 「정좌음靜坐吟」에 의하면 고충헌은 산중에서 정좌하거나, 물가나, 꽃들 사이 또는 나무 밑에서 정좌하는 것을 좋아했던 것 같다. 그렇다면 그가 말하는 정좌법이란 어떤 것이었나.

그의 「정좌설靜坐說」 및 「서정좌설후書靜坐說後」를 보면 그것을 알 수 있다. 「정좌설靜坐說」에는 대체로 다음과 같은 내용이 서술되어 있다.

> 정좌는 조금이라도 인위가 가해지면 안 된다. 단지 평상平常하고 묵연하게 정靜이 되어야 한다. 이 '평상'이라는 두 자는 매우 중요하니 무심코 지나쳐서는 안 된다. 그 이유는 이것이 정靜의 본체이기 때문이다. 성性의 본체는 청정淸淨하여 그 안에 일물一物도 없기 때문에 '평상'이라고 하는 것이다. 이것이 바로 천리의 자연이다. 사람들은 각자 이것을 체인하지 않으면 안 된다. 체인하면 자득하게 되는 것이다. 정중靜中의 망념은 무리하게 제거하려고 해서는 안 된다. 참된 본체가 드러나면 망념은 저절로 사라져 버린다. 혼기昏氣가 생겨나도 역시 무리하게 없애려 해서는 안 된다. 이미 망념이 청정해지고 혼기가 저절로 맑아지게 되면 본성의 본령이 체인된다. 그러나 그것은 성性의 정靜에 돌아가는 것으로, 조금이라도 의意를 덧붙이면 안 되고 조금이라도 지견

知見을 가해서는 안 된다. 조금이라도 념念을 보태는 일이 있으면 본령이 소실되어 버린다. 정靜에서 동動으로 나아가도 또한 평상하게 고요히 동動하고, 정시靜時도 동시動時와 같고 동시도 정시와 같이 단지 평상할 뿐이다. 따라서 "동動도 없고 정靜도 없다"고 말한 것이다. 이것은 배우는 자가 정좌를 빌려 동도 없고 정도 없는 본체를 인식하지 않으면 안 된다는 것을 말한 것이다. 정중靜中에서 힘을 얻어야 비로소 동중에서 참된 힘을 얻을 수 있게 되고, 동중에서 힘을 얻어야 비로소 정중에서도 힘을 얻을 수 있는 것이다. 경敬이라고 하는 것도 바로 이것이며, 인仁이라고 하는 것도 바로 이것이고, 성誠이라고 하는 것도 바로 이것이다. 이것이 바로 '복성復性'의 길인 것이다.

이에 따르면 정좌수렴 공부가 조금도 무리한 인위를 가하지 않고 자연스럽게 되면 저절로 천리의 자연을 깨달을 수가 있다. 고충헌이 말한 '평상'이라는 두 자는 본체와 공부의 자연성을 나타내는 것에 다름 아니다. 그가 이처럼 생각한 것은, 공부는 본체 자연의 힘에서 나온 것이 아니라면 참된 공부가 아니라는 양명학의 영향이 있었기 때문이다. 양명학에서는 본체와 공부의 합일을 주장한다. 참된 공부는 본체의 자연스런 작용이지 않으면 안 된다고 생각하여, 본체의 깨달음을 중심으로 양자의 일체를 말한 것이다. 명말의 주자학자들은 대부분 이러한 양명학의 영향을 받아 본체와 공부의 일체를 말하지만, 그 중점은 공부에 있다고 할 수 있다. 여하튼 고충헌은 정좌를 주장하면서도 본체의 자연성을 따라서 공부의 자연성을 강조하고, 이에 평상이라는 두 자를 들었던 것이다.

그러나 곰곰이 생각해보면 평상의 경지에 이르는 것은 용이하지 않아 보인다. 왜냐하면 그것은 본체·공부가 일체된 경지이기 때문이다. 바꿔 말해 공부하면서 또한 공부를 초월하지 않으면 안 되기 때문이다. 따라서 고충헌은 초심자에게는 오히려 주자의 엄숙한 거경공부가 필요하다고 보고, 그 이유를 「서정좌설후書靜坐說後」에서 다음과 같이 말하고 있다.

정좌법은, 입문자의 경우 이것에 의해 심성을 기르고 초학자의 경우 이것을 입문으로 한다. 무릇 초심자의 마음은 망념이 강고하게 부착되어 어떻게 하면 평상의 본체가 보일지 알 수 없다. 이런 경우 평상을 추구하면 오히려 마음이 산만해진다. 따라서 반드시 심신을 수렴하여 주일主一을 행하지 않으면 안 된다. 일一이란 평상의 본체이다. 주主로 하는 곳에는 의意가 작동한다. 다만 이 의意는 착의著意여서는 안 된다. 착의도 아니고 심중에 아무 것도 없으면 그것이 바로 일一이다. 착의가 있으면 일一이 될 수 없다. 그렇다면 착의 없는 의意는 어떻게 해야 할까? 거기에는 단지 용정容貞을 정제엄숙하게 하는 것으로 충분하다. 그렇게 하면 마음은 저절로 일一이 된다. 그리고 이 공부가 점점 익어가면 마침내 평상이 되는 것이다. 따라서 주일主一은 학문의 처음과 끝이라고 할 수 있다.

이에 따르면, 고충헌은 정주程朱의 "주일무적主一無適"의 경敬을 주정主靜의 근본으로 여겼던 듯하다. '주일무적'이란 일一을 주로 하여 흐트러짐이 없는 것, 간단히 말해 일의전심一意專心을 말하는 것이다. 정주에게 있어서 이것은 천리에 대한 정제엄숙整齊嚴肅한 마음을 의미하였다. 원래 경敬은 예禮의 마음에 다름 아니다. 그것은 마음이 제멋대로 행하는 것을 제어하여 마음이 리를 따르도록 하는 것이다. 다시 말해 마음이 본래의 마음이 되는 것 즉 성性에 돌아가는 것에 다름 아니다. 따라서 그것은 당연히 성을 존양하는 공부였던 것이다.

그런데 이 정제엄숙은 심신내외에 미치는 것이 아니면 안 된다고 생각했다. 단잔 역시 밖[外] 즉 용정容貞이 정제엄숙하면서 안[內] 즉 심이 정제엄숙하지 않은 경우는 없고, 그 반대의 경우 또한 없다고 생각했다. 따라서 정제엄숙은 내외를 관통하는 것이라고 여겼다. 공자도 "일을 맞이해서는 경敬한다" "자신을 닦아 경敬하게 한다" "일을 경하게 하여 믿음직스럽게 한다"고 언급한데서 알 수 있듯 경敬의 필요성을 강조하고 있다. 그러나 거기에서는 상식 정도에 머물러 있었다. 그것이 정주에 의해 철학적으로 깊은 의미를 갖게 되며, 후에는 본체·공부의 일체의 경지로 여겨지기에 이른 것이다.

반복해서 언급해 두고 싶은 것이 있다. 정주가 왜 주정을 들지 않고 거경을 들었는가 하는 것이다. 정주에 의하면, 주렴계와 같이 주정을 말하면 정에 치우친다. 성체性體는 동정으로 말하자면 정이라고 하지 않을 수 없지만, 정이라고 해도 그것은 어디까지나 성이므로 본래 동정을 관통하는 것이다. 즉 본체로서의 정은 시時로서의 정과는 다르다. 그러나 본체로서의 정이 시時의 동정을 떠나 존재할 수 있는 것은 아니다. 따라서 공부는 동정을 관통하는 것이 아니면 안 되었고, 그러기 위해서는 경敬만한 것이 없다고 생각했던 것이다. 물론 어느 쪽인가 하면 정의 공부에 약간의 중점이 놓여있긴 하지만 말이다.

정제엄숙의 경敬은 정자가 제창하고 주자가 계승하였는데, 주자는 정자의 문인인 윤화정尹和靖이나 사상채謝上蔡가 말하는 경敬도 인정하였다. 윤화정은 경을 설명하여 "마음을 수렴하여 일물도 받아들이지 않는 것"이라고 하였으며, 사상채는 '상성성常惺惺'이라고 하였다. '상성성'이란 마음이 항시 깨어있는 명각明覺임을 의미한다. 알기 쉽게 말하자면 마음이 항상 명석明晳하여 어두워지지 않도록 하는 것이다. 이 말은 원래 선禪에서 온 것인데, 사상채는 선과는 달리 항시 도덕적 지각이 명석하다는 의미로 사용하고 있다. 주자는 이들 제 설을 받아들여, 경敬에는 위에서 언급했듯 3종류가 있지만 엄제정숙이 그것들을 관통하는 것이라 여겼다. 단잔은 주자의 거경을 중시하였지만, 정좌를 그 근간으로 하였다는 점에 그만의 특색이 있다고 하겠다. 따라서 "경은 정제엄숙을 말하고, 정제엄숙의 법은 정좌가 가장 좋다"고 주장하였던 것이다.

에도 체재 중에 정좌를 중심으로 한 심성의 학에 열중했던 단잔은 히라도에 돌아온 뒤 한층 그것에 골몰하였다. 그리고 고충헌의 학을 더욱 신봉하여 그의 「복칠규復七規」를 실천하면서 자신의 정좌체인을 점점 신실되게 하여 갔다. 「복칠규」에는 다음과 같은 말이 보인다.

여기에서 '복칠復七'이라고 하는 것은 역易의 "7일 만에 돌아온다"(이것은 역의 복괘에 있는 말로, 양일陽一이 떨어져나갔다 다시 돌아오는 데에는 7일이 걸린다고 한다)는 의미를 취한 것이다. 그런데 동動하여 조금 피로한 때에는 곧바로 7일간 정좌하여 마음을 안정되게 하지 않으면 안 된다. 그러면 신체는 휴양되고 정신은 명석하게 되어 생명력이 충일하게 된다. 최초의 1일은 심신 모두 여유롭게 하여 졸리면 자는 등 아무 것에도 구애됨이 없이 자유롭고 즐겁게 되도록 힘쓴다. 그리고 기氣도 상쾌하게 되어 혼기昏氣가 완전히 없어지면 비로소 방에 들어가 향을 사르고 정좌한다. 정좌의 법이란, 이 마음을 깨워 항시 명각明覺하게 함으로써 마음이 다른 것에 분산되지 않도록 하는 것이다. 마음이 다른 것에 분산되지 않으면 정신은 자연히 수렴되어 본성에로 돌아가게 된다. 그때 인위적인 것을 쓰거나 마음이 집착되거나 또는 효과를 얻으려고 생각하거나 하면 안 된다. 처음 정좌를 하는 자는 심을 보지保持하는 방법을 알지 못하므로, 그때 성현의 중요한 가르침이 자기 몸에 스미도록 한다. 그러면 저절로 손 댈 단서를 알게 된다. 정좌하여 3일째가 되면 반드시 묘경妙境에 들어가는데, 4, 5일째쯤에는 가장 주의를 요하여 태만하고 게으름[怠惰]에 빠지지 않도록 하지 않으면 안 된다. 식후에는 반드시 백보 정도 천천히 걷고, 육식은 많이 섭취하지 않도록 한다. 육식을 많이 섭취하면 마음이 점점 혼탁해진다. 잠을 자도 옷을 벗지 않는다. 자고 싶을 때는 자지만 눈이 깨면 바로 일어난다. 이렇게 하여 7일째가 되면 정신이 충일하여 병에도 걸리지 않는다.

고충헌의 「복칠규」는 정좌법으로서는 가장 적절한 것이다.

단잔은 처음에는 유념태의 학문에서도 얻는 바가 있었는데, 단잔도 언급하고 있듯이 유념태의 학은 양명학에 근거한다. 그러나 고충헌과 유념태의 양학에는 상통하는 곳도 있었다. 그러므로 단잔은 다음과 같이 말하고 있다.

명말의 유학에서는 고충헌과 유념태 두 명을 꼽는다. 양자는 최초의 입구에 있어서 각기 다른 곳이 있지만, 만년에 도를 깨달았을 때의 말은 마치 부절한 듯 일치하고 있다.

유념태가 말하는 성性은 앞서 언급했듯이 '주재의 심', 엄밀히 말하면 무주재이면서 주재하는 심 즉 유념태가 말하는 '의意'였으며, 자知도 이 의意 가운데 있다고 여겼다. 단잔의 성性도 이것과 유사하다. 유념태는 그것을 배의 키에 비유하였고 단잔은 나침반에 비유하였다. 선禪의 용어로 하자면 이른바 '주인옹主人翁'인 것이다. 단잔은 먼저 이러한 성을 깨달을 것을 추구하였다. 즉 '주인옹이 본래의 면목을 드러낼 것'을 추구하였던 것이다. 요즘 말로 하자면 주체성을 세우는 것이라고 할 수 있다. 단잔에 의하면 온종일 이 주체만을 구해가면 반드시 꿈에서 깨어나듯 혹은 죽은 자가 다시 살아나듯 돌연 주체가 스스로의 본령을 발휘하게 되며, 이처럼 성을 깨달을 때 비로소 공부에 착수처를 얻을 수 있게 된다고 보았다. 그리고 이 경우에 있어 단잔은 주정체인主靜體認을 종지로 하였다. 즉 심을 체와 용으로 나누고, 심의 체는 적寂이므로 적에 돌아가는 공부에 의해 심체를 세우게 되면 용은 저절로 행해지는 것이라 여겼다. 따라서 '귀적歸寂'을 갖고 체를 세우는 것이 무엇보다 필요하다고 생각했다. 이러한 입장은 양명문하의 귀적파와도 상통하는 것이다. 단잔이 이 귀적파에 속하는 섭쌍강聶雙江·나념암羅念庵의 학을 인정했던 것도 이러한 이유가 있는 것이다. 단, 단잔은 '성즉리'라는 정주학을 근본으로 하고 '심즉리'를 말하는 양명학에 대해서는 처음부터 비판적이었던 듯하다. 그럼에도 불구하고 그 일파의 학을 인정했던 것은 무슨 까닭일까? 그것은 그들의 귀적설이 정靜을 주로 하는 것으로, 양명학을 주자학에로 돌려놓는 경향을 갖고 있었기 때문이다. 원래 심즉리를 말하는 양명학이 동적임에 반해 성즉리를 말하는 주자학은 상대적으로 정적이었던 것이다.

복칠규를 실천했던 무렵의 단잔의 학은 주자학적이었지만, 아직 주자학만을 존숭[朱子學一尊]하는 데까지는 이르지 않았다. 그런데 그 후 주자학 연구가 진행됨에 따라 오로지 주자학만이 정학正學이라 여기게 되었고, 고충헌의 학에도 약간 비판적으로 되어 갔다. 즉 그의 학은 정靜에 치우친 폐단을 벗어나기 어렵다고 여기고, 오로지 주자의 격물궁리를 일삼게 되었던 것이다. 다만, 본체를 중시한 단잠은 심성의 존양을 궁리의 근본으로 하는 것이 주자학의 본의本義이고, 단지 거경과 궁리, 지와 행의 병용병진竝用竝進만을 일삼는 것으로는 충분하지 않다고 여겼다.

양명학이나 그 근원이 된 육상산의 학문은 심즉리를 주장하기 때문에 활기넘친 실천을 초래하였고, 사람들로 하여금 강한 도덕적 신념을 갖게 하는데 그 장점이 있었다. 그러나 인간의 심성을 엄정하게 보지保持하고 인간사회와 인간공동생활에 있어서 각 방면의 리를 상세히 구명하여 그것을 지고지순의 이상적인 것으로 실현해 가는 확실성과 구체성을 결하고 있었기 때문에, 자칫 유아독존唯我獨尊에 빠져 광대하고 고원한 경세의 위업을 수행하는데 곤란을 초래할 위험성이 도사리고 있었다. 고충헌의 주자학은 앞서 언급했듯이 양명학을 지나 온 관계로, 리와 심의 묘결妙結 측면을 통찰하여 그것을 체인하는 것에 역점이 두어졌다. 반면 주자처럼 널리 만리를 구명하는 측면은 결하고 있었다. 단잔이 고충헌의 학문이 정靜에 치우쳐 있다고 비판했던 것은, 이러한 결점으로 인해 경세의 업이 경시될 수 있다고 보았기 때문일 것이다. 정좌체인이라는 점에서는 고충헌과 단잔은 같은 입장에 있었는데, 오로지 주자학만을 종지로 하게 된 이후에도 단잔은 변함없이 그것을 학문의 본령으로 삼았던 것이다.

정자와 거경

단잔이 심성의 존양을 학문의 본지로 삼게 된 것은 진절眞切한 체험의 학에 종사해온 결과이기도 하지만, 다른 한편 기몬과 주자학의 영향도 작용하고 있었다. 주지하듯 기몬학은 토쿠가와 시대의 유학 중에서 가장 중요한 위상을 점하는 것 중의 하나라고 할 수 있다. 그 특징은 단지 지식을 읊조리는 것이 아니라 자신의 심신에서 수용하고 체험하는 것이야말로 참된 학문이라 규정한 점에 있다고 하겠다. 기몬학이 막말유신의 사상계에 영롱한 빛을 발할 수 있었던 이유는 바로 단잔, 섹스이 형제가 기몬학의 정통적 계보를 잇고 있었기 때문이다.

에도에서 돌아온 단잔은 히라도번의 유풍儒風을 혁

신시키고자 심성의 학을 제창하였는데, 그것이 시류를 거슬른 탓에 선배 유자로부터 많은 비난을 받게 된다. 이에 향리鄕里인 사세보(佐世保)의 하리오지마(針尾島)에 은거하며 전심전력 주자학을 연구함과 동시에 근처에 곤학료困學寮를 세워 제자 양성에 힘을 기울였다. 그리고 앞서 언급했듯이 날을 거듭할수록 주자학이야말로 성인의 정학正學을 계승한 것이라는 자각을 갖게 된다. 같은 무렵 에도의 오오하시 토츠앙 역시 오로지 주자학을 종지로 삼게 된다. 단잔과 토츠앙은 우연히 같은 주자학을 신봉하게 되었지만 그 둘 사이에는 학문적 차이가 없지 않았다. 단잔의 주자학은 심성의 존양을 근본으로 한 격물궁리의 학이었고, 토츠앙은 격물궁리를 말해 리의 분석에는 뛰어났지만 심성의 존양을 그 근본으로 하지는 않았다. 단잔의 입장에서 보면, 토츠앙과 같이 심성의 존양을 근본으로 하지 않는 격물궁리의 학은, 주자의 이른바 '본령일단本領一段의 공부'(일단은 접미사에 지나지 않으므로 결국 본령이라는 뜻)를 결하여 결국 사리私利를 일삼는 속학에 빠지고 만다.

단잔이 기몬학에 친숙해진 것은 34세 경, 에도의 사토 잇사이의 문하에서 돌아온 동생 섹스이로부터 기몬의 정보를 듣고부터였다. 사실 그에 앞서 기몬파의 유자인 카네코 소잔(金子霜山)*에게 서한을 보내 학문을 물은 적이 있긴 하였지만 특별히 기몬학을 의식하고 있던 것은 아니었다. 단잔이 가장 존경했던 자는 기몬의 학맥을 잇는 히고(肥後)의 츠끼다 모사이(月田蒙齋)**였는데, 그가 기몬학에 종사하게 된 것도 실은 모사이에게 받은 영향이 크게 작용했다고 할 수 있다. 그는 처음에는 모사이학에 의심을 품고 있었던 듯하다. 그러나 모사이의 강습소[塾]에서 공부했던 문인으로부터 그 학문의 요체와 그 사람의 인품·기상 등을 듣기도 하고 그의 저서를 읽기도 하면서 비로소 그의 학을 신봉하게 되었다. 단 동생인 섹스이는 모사이

* 1789~1865. 명은 濟民, 자는 伯成, 통칭은 德之助, 호는 霜山. 주자학자로 저서에 『사서찬요四書纂要』 『사서택언四書擇言』 『역학계몽찬요易學啓蒙纂要』 등이 있다.
** 1807~1866. 명은 强, 자는 伯恕, 통칭은 右門, 호는 蒙齋. 센쥬렌사이(千手謙齋)의 문하생으로 기몬주자학을 신봉하였다. 쿠스모토 단잔과 섹스이 형제는 모사이의 제자이다. 저서로 『중용강의中庸講義』 『선천도설先天圖說』 『모사이문집蒙齋文集』 등이 있다.

를 방문한 적이 있었고, 소요(松陽)는 그의 문하에 유학하여 모사이로부터 크게 기대받기도 하였다고 한다.

모사이의 스승은 센쥬 켄사이(千手謙齋)였는데, 그는 모사이의 학문을 보고 기몬의 정통임을 인정하면서, 자신의 만년의 저서인『중용강의中庸講義』와 『부상유해榑桑儒海』그리고 부친 렌사이(廉齋)*의『자구록自求錄』등을 모사이에게 보내어 기몬 상전相傳의 징표로 하였다. 모사이 역시 단잔의 학을 보고는 기몬의 정통이 바로 여기에 있다고 하면서『중용강의中庸講義』를 제외한 위의 서적들을 하사하였다.

모사이도 심성의 존양을 중시하여 정좌체인에 힘썼다. 그는 '체가 서야 용이 행해질 수 있다'는 곳에 체용일원의 참된 도가 있음을 주장하였다. 그리고 체를 세우는 공부로서 거경존양을 들고, 정좌를 거경의 근본으로 삼았던 것이다. 24세때 교토(京都)에 유학하여 센쥬 켄사이에게 종학하였다. 지극히 가난하였음

---

* 1377~1819. 名은 興欽, 자는 一靜, 통칭은 八太郎, 호는 廉齋. 저서로『사서필기四書筆記』『주역강의周易講義』등이 있다.

에도 불구하고 그것에 굴하지 않고 근면역행 체인의 학에 진력하여 어느 날 밤 돌연 천지만물의 본원을 보았다. 귀향 후에도 교유交遊를 끊고 오직 도의 본원을 궁구하였다고 한다. 책을 보면 그것을 음미하고, 물物을 보면 그것을 찰식하는 일이 무릇 8, 9년, 점차 참된 깨달음을 얻었다. 이것을 성인의 서적에 비추어보고 천하만물에 비추어 본 결과 어떤 모순도 없음을 알았다. 모사이는 고사역행苦思力行한 인물로, 그의 정좌체인의 학에도 그 고심의 흔적이 역력히 드러나 있다. 전하는 바에 의하면, 처음에는 아직 인위人爲를 벗어나지 못했기 때문에 수년간 공부에 집중했지만 그 효과를 볼 수 없었다. 그래서 공부를 중후重厚하게 하자 금새 좋은 결과를 얻은 듯하였다. 그러나 공부가 진지하면 할수록 조장助長의 폐혜를 낳고, 그렇다고 완만緩慢하면 여전히 깨닫는 바가 없었다. 이것은 심이 아직 무르익지 않은 탓이므로 심신을 수렴하여 자연스럽게 마음을 경敬하게 하는 것만 못하다, 본래 범부의 심신을 갖고 바로 성현의 대도의 비의秘義에 달하려고 했으니 마치 호미없이 밭을 갈려고 하는 것이나 배를 타지 않고 물을 건너려는 것과 같지 않겠는가 하고 생각한 그는 거경을 주主로 하고 주정을 입문으로 하는 '존양'을 학문의 대본大本으로 삼게 되었다. 모사이는 기몬의 정통을 잇는 자였지만, 그 정경체인靜敬體認은 이처럼 천신만고 끝에 겨우 얻은 것이었다. 그가 격물궁리와 거경존양의 병용을 종지로 하는 주자학에 따르면서도 이와 같은 체인의 학을 강론하였던 이유는 입으로 거경궁리를 외치면서 그것을 실천에 옮기지 않는 당시 주자학자들의 태도에 통탄했기 때문이다.

　이상, 모사이의 학풍을 간략히 소개하였는데, 주자가 궁리라고 하면 실제로 그것을 행하고 주자가 거경이라고 하면 실제로 그것을 실천했을 정도로 체인의 학에 전념했던 당시의 단잔이 모사이의 학을 알고부터 그것을 신봉하게 되었던 것은 너무나도 당연한 일이 아닐 수 없다. 단잔의 「학습록」에 모사이의 죽음을 애도하는 글이 기록되어 있는데, 단잔은 주자학을 근본으로 하는 자신의 학이 속학의 습속으로부터 벗어날 수 있었던 것은 모사이를 통해 기몬의 존양학을 알게 되었기 때문임을 피력하고 있다. 다소 겸손의 말이

긴 하지만, 어쨌든 단잔이 모사이에 의해 존양체인의 필요성을 한층 통감하고, 그것이야말로 주자학의 본령이라는 견해에 확신을 갖게 되었던 것만큼은 분명한 사실이라 하겠다.

주자가 정좌를 행했다는 것에 대해서는 이미 서술하였는데, 그렇다면 정좌와 거경은 어떤 관계에 있는 것일까? 그에 관한 주자의 입장을 간략히 설명하기로 한다. 단잔의 정좌체인을 이해하기 위해서는 그것이 필요하다고 생각하기 때문이다. 주자는 어렸을 때 부친을 여위었는데, 젊었을 때 부친의 친구인 이연평의 가르침을 받게 된다. 연평은 주자에게 "학문의 길은 이론적으로 이것입네 저것입네 하는 것이 아니다. 단지 묵좌징심하여 천리를 체인하도록 하라"고 가르쳤다. 연평은 그의 스승인 나예장에게서 "정좌하여 희노애락이 아직 발하지 않았을 때의 기상이 어떠한가를 보라"는 가르침을 받았는데, 이 미발에 주재자인 천리의 기상이 있음을 주자에게 가르쳤던 것이다. 다시 말해 정좌하여 심을 맑게 하면 심은 자기의 본래로 돌아가고, 그러면 거기에 주재자가 있음을 알 수 있게 된다. 이 주재자가 바로 천리인 것이다. 그리고 이것은 단지 정좌에 의해서만 체인된다고 여겼다. 연평에게 사사했던 당시 주자는 아직 어렸다. 그 때문인지 연평의 말을 완전히 이해하지는 못했던 것 같다. 그러나 재삼재사 물으면서 연평의 가르침을 몸에 체득하기에 힘썼고, 그 결과 정좌에 의해 인간의 심이 본래의 순수성과 객관성을 갖는다는 의미가 조금씩 이해되었던 것 같다.

이 무렵의 조정에는 아직 왕안석王安石의 신법당新法黨의 여파가 있었지만, 재야의 재사才士를 등용하는 방침을 취했기 때문에 주자도 출사出仕의 명을 받게 된다. 그러나 신법당이 존재하고 있는 조정에 나가는 것은 도에 합당하지 않다고 생각한 주자는, 사퇴하고 오로지 자기 심성을 기르는 것이 사인士人으로서 취할 길이라고 생각했다. 그런데 부친의 사후 부친처럼 섬겨온 호적계胡籍溪(부친의 친구)가 조정에 나가게 되었다. 주자는 이것을 옳지 못한 일이라고 여겨 시를 지어 풍자적으로 비난했다. 그 시의 1, 2구를 인용해보자.

留取幽人臥空谷, 一川風月要人看.
세상을 피해 숨어있는 은자를 붙들어 인기척이 없는 계곡에 쉬게 하다. 일천一川의 풍월, 사람들이 보길 바라노라.

浮雲一任閑舒卷, 萬古靑山只麽靑.
뜬 구름에 맡겨 한가로이 뒹구는데 만고청산은 일편단심 오직 푸르다

당시 호오봉胡五峰이라는 학자가 있었는데, 주자의 이 시를 보고 그 재능과 견식에 감탄했다. 다만 이 시에는 '체는 있지만 용이 없다' 즉 정靜에 빠져 동動의 작용이 없으니 그것은 옳지 않다. 참된 정靜은 동중動中에서 닦여진 것이 아니면 안 된다는 내용의 시를 지어 주자에게 주었다. 그 중 일부를 인용해둔다.

幽人偏愛靑山好. 爲是靑山靑不老. 山中雲出雨乾坤. 洗過一番山更好.
유인幽人이 짝사랑하네 청산을. 청산이 푸르고 늙지

않기 때문이지. 산중에 구름 나와 천지가 비, 한번 닦인 산 더욱 좋구나!

호오봉은 연평과는 반대로 미발의 체 즉 천리는 심의 발용인 이발처에서만 볼 수 있으므로, 먼저 이발처에서 그 단예端倪를 찰식察識하지 않으면 심성을 존양하려해도 불가능하다고 보았다. 오로지 정처에서 미발의 체를 존양하려고 하면 선禪의 무용無用의 학에 빠지고 만다고 생각했기 때문이다. 단예의 찰식을 먼저 하고 미발의 존양을 뒤로하여 이발상의 성찰을 학의 본령으로 삼았던 것이다. 주자는 오봉의 시를 보고 크게 마음이 움직여 스스로 그 문을 두드려 친히 가르침을 받고자 하였으나 이미 때는 늦어 오봉은 이 세상 사람이 아니었다. 결국 그 문인인 장남헌張南軒으로부터 오봉의 학을 듣고, 스스로 이발상의 성찰, 단예의 찰식에 종사하였다. 그러나 시간이 지나면서 자신의 학이 '본령의 공부'를 결하고 있음을 자각하게 되었다.

주자에 의하면, 궁리에 있어 이 '단예의 찰식'을 공부의 착수처로 한 결과 존양 공부가 소홀해지고 그 때문에 마음이 언제나 동動에 치우쳐 깊고 순일한 맛이 없게 되었으며, 늘 언동이 급박하고 소란스러워 옛 성현의 여유로우면서 급박하지 않은 깊고 돈후한 기상을 볼 수 없었다고 한다. 이것을 주자의 '회후悔後의 설說'이라고 한다. 주자에 의하면 단예는 존양하고 있는 중에서 체인되는 것이다. 왜냐하면 천리는 인심에 고유固有한 것이므로 마음이 물욕에 휘둘리지 않으면 자연히 밝아지는 것이지 특별히 따로 이것을 구할 필요는 없기 때문이다. 격물궁리라 해도 실은 자명한 것을 한층 밝히는 것에 지나지 않는다. 단 존양의 공부는 동정을 꿰뚫는다. 그러므로 정자가 말하듯이 경敬에 의해 심이 물욕에 휘둘리지 않도록 하는 것이 천리를 명찰明察하고 체인하는 것이라고 생각했다. 그렇다면 이른바 '본령공부'란 무엇인가? 위에서 이미 분명해졌듯이 '거경존양'에 다름 아니다. 주자는 이와 같이 존양공부는 동정을 꿰뚫지 않으면 안 된다고 생각했는데, 사실 주렴계가 말한 '주정主靜'도 이 뜻을 말한 것이라 여겼다. 다만 정靜이라고 하면 한 쪽에 치우칠 우려가 있고, 따라서 정자는 정靜이라 하지 않고 경敬이라 한 것이라고 주장하였다. 그러므로 정좌의 필요성을 말하면서도 "오로지 고요한[靜] 곳에서 공부하는 것만으로는 안 된다. 동처에 있어서도 체험하지 않으면 안 된다. 성현은 결코 오직 정좌만을 가르친 것이 아니라 수처隨處에서 힘을 쓸 것을 역설하였다"고 언급한 것이다. 그는 결국 정자의 거경을 따라 주렴계나 이연평은 정靜에 치우친 결함이 있다고 여겼지만, 이들 주정설 특히 연평의 주정설은 만년까지 그의 가슴 속에 남아있었던 듯하다. 단잔은 주자 회후悔後의 설을 중시하여 "오늘날 송학을 칭하는 자들은 대부분 본령공부를 결하고 있다. 주자는 '단예를 찰식하는 것을 학문의 단서로 하였기 때문에 평소 존양공부를 결하게 되고 평소의 마음이 항시 동에 치우쳐 심잠순일한 맛이 없어졌다. 따라서 언동이 또한 조박부천躁迫浮淺하여 옛 성현의 기상이 소실되었다'라고 하고 있는데 크게 반성해봐야 할 곳이다"고 하면서, 주자는 이전에는 연평에게 비판적이었지만 말년에는 다시 그에게 돌아갔음을 주장하고 있다.

주자는 앞서 언급했듯이 거경과 궁리를 떨어질 수

없는 것으로 보았는데, 단잔은 그것에 관해 다음과 같이 말하고 있다.

나는 요즘 간편한 방법을 알았다. 학문의 도에는 주경과 궁리의 두 가지가 있다. 그 가운데 주경은 물론 동정을 관통하지만 그 방법은 하나로 한정된 것은 아니다. 그러나 초학자의 단적인 공부라고 하면 정좌 이외에는 없다. 궁리는 물론 심의 내외를 관통하지만 그 방법도 많이 있다. 그러나 초학자의 착실한 공부를 말하면 독서 이외에는 없다. 그것은 주자가 학문에 뜻을 둔 자들을 위해 세웠던 학습 과정에 "반일정좌, 반일독서"라는 것이 있음을 보아도 알 수 있을 것이다.

주자의 궁리에 있어 독서가 가장 중요하다는 것은 단잔이 말한대로 이지만, 그 독서에 있어서도 정좌가 필요함을 주자는 다음과 같이 말하고 있다.

옛날 진열陳烈선생은 독서해도 기억력이 나빠 그것

을 고통스럽게 여겼다. 어느 날 『맹자』의 "학문의 도는 다른 것이 아니라 그 방심을 구하는 것일 뿐이다"는 구절을 보고 돌연 깨달았다. 내 방심조차 구할 수가 없는데 어찌하여 서적에 있는 것을 기억할 수 있겠는가 하면서 마침내 문을 걸어 잠그고 정좌하여 백여일간 독서하지 않고 방심을 구하였다. 그리고 나서 독서하자 이번에는 단 한번 읽는 것으로 잊어먹지 않게 되었다.

독서에는 먼저 심신을 수렴하여 약간 마음을 안정되게 한 후에 책을 펼치면 효과가 있다. 만일 마음이 외물을 좇아 혼란해 있으면 심중心中은 도道와 완전히 격리되어 버린다. 이래서는 독서할 수 없다. 지금은 단지 다언多言을 농하지 말고 문을 걸어 잠그고 보름이나 10일정도 단좌端坐한 뒤 서적을 보도록 하면 내가 말하는 것이 헛말이 아님을 알 수 있을 것이다.

먼저 정좌를 배우고, 조용히 옛 성현의 서적을 읽어

세속의 때를 씻어내는 것이 무엇보다 중요하다. 그 때 비로소 학문에 힘이 생겨나는 것이다.

요즘 독서해도 정신이 소모되므로 정좌하여 스스로를 성찰했다. 그러자 효험을 얻을 수 있었다. 시험 삼아 이 방법을 행해보면 어떻겠는가? 반드시 효험이 있음을 알게 될 것이라고 생각한다.

이외에도 정신을 수렴하지 않으면 독서를 해도 깊은 맛이 없다거나, 때로는 독서하기보다 정좌하는 쪽이 효과 있음을 언급하면서, 제자들에게 글자 보는 것을 멈추고 잠시 정좌하라고 설한 부분도 있다.
그러나 주자는 독서와 정좌를 각기 다른 두 개의 공부로 간주하는 것은 잘못이라고 여겼다.

사람에게는 정좌하여 사념을 없이 할 때와 도리를 생각해야 할 때가 있지만, 그것을 구별하여 두 개의 길이 있다고 생각해서는 안 된다. 또한 정좌와 독서는 서로 다른 공부라고 말해서도 안 된다. 정좌하여 마음을 존양함에 있어서는 도리를 체인하고 생각하는 것이 매우 중요하다. 이것이 바로 참된 존양인 것이다. 도리를 갖고 사악하고 망령된 생각을 제거하는 것이 아니라, 마음을 일깨우고 진작시켜 단지 자신이 도리를 생각하기만 하면 자연히 사념邪念이 일어나지 않게 되는 것이다. (중략) 요즘 사람들의 결점은 정좌와 독서의 공부가 하나 되지 못하고 두 개로 나눠지는데 있다. 따라서 잘못을 범하게 되는 것이다.

여기에서 주자는 단지 사려의 산만함을 우려하여 정좌만 하고 서책을 혐오하는 것이 잘못임을 지적하고, 마음의 안정이 조금 얻어지면 바로 독서를 계속할 것을 주장하고 있다.

주자가 정좌에 관해 주의한 것을 한두 가지 들어보도록 한다. 주자는 동動을 싫어하고 정靜을 추구하는 것은 잘못이라고 여겼기 때문에, 설사 '주정主靜'이라고 해도 그것이 사람으로서 하지 않으면 안 되는 행行을 버리고 오로지 정만을 추구하라는 뜻이 아니라고 본다. 여기에 정좌와 좌선입정의 다름이 있는 것이다. 후자는 사려를 단절하지만, 전자는 마음이 쓸데없는 사념을 행하지 않도록 하여 그것이 자연히 안정되고 평정해지며 저절로 전일해질 것을 추구한다. 그리하여 일이 있으면 그것을 완수하고 그것이 끝나면 다시 본래로 돌아가 마음이 안정되게 할 뿐이다. 따라서 문인들이 '날마다 틈만 있으면 정좌하여 마음을 배양[養心]하고 있지만 갖가지 잡다한 사념이 일어나 마음이 고요해지지 않는다'고 질문한 것에 대하여, 주자는 정자의 말을 들어 "심은 원래 활동하고 있는 것이므로 그것을 폐색閉塞하여 안정시키려 해도 그렇게 할 수 있는 것이 아니다. 다만 쓸데없는 사려를 행하지 않도록 하면 되는 것이다. 만일 오로지 정만을 구하려고 하면 오히려 쓸데없는 사려를 보태게 되어 버린다. 따라서 속박하거나 초조해하지 않도록 하면 저절로 안정되는 것이다"고 가르치고 있다. 또한 정좌법에 관한 질문에 답하길, "정좌는 단지 정좌하면 되는 것으로, 소용없는 전의詮議(사물을 자세히 살펴 고찰함)를 하거나 쓸데없는 추측을 하면 안 된다"고 하였으며, 또한 다음과 같이 말하기도 한다.

> 정좌는 쓸데없고 하찮은 사려를 그만두면 그것으로 좋은 것이다. 그렇게 하면 마음이 길러져 유유자적 해진다.
> 정좌시에는 사려를 내리눌러서는 안 되고 단지 내어버리기만 하면 그것으로 좋다. 만일 완전히 눈을 감고 자버리면 오히려 사려를 낳게 된다.
> 사려를 완전히 없애려고 하면 안 된다. 사악한 생각이 없으면 되는 것이다.

주자는 정좌의 필요성을 말하지만, 그것은 정시靜時・무사시無事時의 경공부에 지나지 않는 것이고, 그것을 경공부의 요체로 특별히 중시하지는 않았다. 따라서 문인 장원덕張元德에게 보낸 서간에서 다음과 같이 말하고 있다.

> 명도가 사람들에게 정좌를 시킨 것은 마침 바로 그때 학문에 휴식할 필요가 있었기 때문이다. 아무 일

도 없을 때에는 물론 정좌를 하지만 정좌를 특별한 공부로 여기면 오히려 불교의 좌선이 되어버린다. 단지 경공부를 하면 저절로 동정을 꿰뚫어 공부가 끊이지 않게 되는 것이다.*

청대의 이광지李光地는 정주程朱의 경敬은 체를 온전히 하는 공부 즉 동정 어느 곳에도 치우치지 않고 동정에 모두 통하는 공부라고 여겼다. 그리고 주렴계의 주정은 그 요체를 말한 것이라고 보았다. 이렇게 되면 경 가운데 주정이 근본으로 간주된다. 야마자키 안사이의 문인 사토 나오카타(佐藤直方)**는 다음과 같이 말한다.

원래 동정은 천도天道의 자연스런 작용이다. 정을

---

* 明道敎人靜坐, 蓋爲是時諸人相從只在學中無甚外事, 故敎之如此. 今若無事, 固是只得靜坐. 若特地將靜坐做一件工夫, 則却是釋子坐禪矣. 但只著一敬字, 通貫動靜, 則於二者之間, 自無間斷處, 不須如此分別也. (『주자전서』 권62 「답장원덕答張元德」)

** 1650~1719. 명은 直方, 통칭은 三郞左衛門. 야마자키 안사이에게 사사함. 미야케 쇼사이, 아사미 케이자이와 함께 기몬3걸로 불린다. 저서로 『사토나오카타전집』이 있다.

주로 하여 동을 제어하는 것이 학자가 행해야 할 공부이다. (중략) 노장이나 불교는 동을 싫어하고 정을 추구하는데 그것은 천도의 전체를 얻은 것이 아니다. 그런데 속세의 유자는 주정이 학의 요체임을 모르기 때문에 그들이 배우는 것은 모두 무용한 망동妄動뿐이고, 그렇다면 학자라고 할 수 없다.

이에 따르면 주자학도 정을 주로 하는 것으로 해석된다. 나오카타의 문인 야나가와 코기(柳川剛義)는 정좌에 관한 주자설을 모아 「주자정좌집설朱子靜坐集說」이라는 책을 펴냈는데, 그 발문跋文에서 정좌의 필요성을 논하여 "학자는 정좌하지 않으면 안 된다. 그것은 마치 배에 키가 없으면 안 되는 것과 같다"고 말하고 있다.

이렇게 되면 더더욱 주자학은 주정공부를 본령으로 하는 것이 되어버린다. 이러한 경향이 기몬학에 흐르고 있었기 때문에 츠끼다 모사이도 정좌를 중시하였던 것이다. 단잔은 모사이 못지않게 그것을 중시하였다. 이와 같은 주자학은 이연평이나 주렴계의 학에 가까운 것이라 할 수 있다. 같은 청대 학자 작몽길勺蒙吉은 이연평은 학자들로 하여금 정중에서 미발의 기상을 체인하도록 하고, 주자는 도리의 이해가 명철하면 저절로 마음은 정하게 되므로 무리하게 정좌하여 그것을 구해서는 안 된다고 보았음을 지적하였다. 이에 따르면 주자학은 거경보다도 격물궁리를 위주로 하는 것으로 간주된다.

본래 주자는 인간사회, 공동생활의 리를 널리 탐구하여 그것을 이상세계로 하는 것에 유교의 본령이 있다고 여겼다. 따라서 단지 그 대강大綱으로 간주되는 인의예지신만이 아니라, 널리 지식을 구하는 것이 중요하다고 여겼다. 그렇지 못하면 설령 세상을 걱정하고 인간을 생각하는 도의道義의 정情이 아무리 도탑다 해도 그것을 구현할 방책을 결하게 되고, 또한 인정에 통하지 않는 것을 행하게 되는 폐해가 생겨나지 않는다고 단정할 수 없다고 여겼다. 그러나 단잔은 이미 고충헌의 학을 경과하였기 때문에 주자만큼 박식을 중시하지는 않았다. 그 대신 거경과 궁리의 상즉相卽, 천리의 체인 등의 면에서는 주자보다도 더욱 깊고 진절眞切한 공부를 주장하였다고 볼 수 있다. 그리고 만년에 이르면서 그러한 경향이 더욱 깊어갔다. 52세때 단잔은 문인 카이후 시끼(海部士毅) 앞으로 보낸 서한에서 "오늘 하나의 리를 구하고 다음 날 다시 하나의 리를 궁구하여, 그것을 계속하여 멈추지 않으면 내 마음이 돌연 쇄연洒然해 진다"고 서술하고 있다. 이것은 심과 리의 일체의 묘처를 잘 체인하고 리를 궁구하며, 나아가 그것을 초월한 무적 경지까지 도달할 수 있었던 결과라고 할 수 있다. 이연평은 주자에게 하나 하나의 리가 마음에 용해되어 쇄연한 심경이 되지 않으면 참으로 리를 궁구했다고 할 수 없음을 가르쳤는데, 단잔의 궁리는 실로 연평의 이러한 가르침을 몸소 실천한 것이라고 할 수 있다. 따라서 단잔이 연평이나 주렴계의 주정에서 본령공부를 본 것은 당연한 귀결이라 하겠다. 요컨대 단잔은 거경존양과 격물궁리의 상즉병용을 주장하는데, 존양이 이것을 꿰뚫는 것으로 간주하는 기몬학을 신봉하여 정좌를 거경의 요체로 보고 정좌체인을 '본령공부'로 규정했던 것이다.

따라서 그는 "본령이 이미 밝으면 그것을 미루어

세상 일[世務]을 수행한다. 그러면 태반은 칼로 베듯 쉽게 해결되고, 그렇지 않은 것도 또한 별로 힘들이지 않고 해결될 것이다"고 주장하였다. 드디어 단잔은 '지수止水, 밝음[明]을 낳는다'고 하여, 정좌에 의해 명지明知를 얻을 수 있고, 나아가 흔적도 머물 수 없는 깊은 곳에 감춰져 있는 지혜를 얻을 수 있음을 알게 되었다.

정좌와 지장智藏

만년, 정좌와 체인의 학이 무르익어감에 따라 마침내 단잔은 '지장智藏'을 논하기에 이른다. 원래 이것은 주자가 『역易·계사전繫辭傳』에 의거하여 처음으로 논하였고 안사이가 그 주지主旨를 깨달았던 것인데, 단잔도 기몬학에 입문한지 2, 3년 후 이것을 체인하였다. 단잔이 그것에 관심을 갖게 된 것은 안사이의 문인 미야케 쇼사이(三宅尙齋)*가 "지知는 불속의 어두운 곳[黑暗], 양 가운데의 음으로 중리衆理가 그 어둠속에

---

* 1662~1741. 명은 重固, 자는 實操, 통칭은 雲八郞, 호는 尙齋. 처음에는 의학을 공부했으나 19세 때 야마자키 안사이에 입문하여 후에 기몬3걸로 불릴 정도로 대성하게 된다. 저서에 『위학요설爲學要說』『묵식록黙識錄』『상재문집尙齋文集』 등이 있다.

저장되어 있다"고 한 것을 읽었던 36세때부터였다. 주자의 지장설은 다음과 같다.

> 인仁은 사단을 포함한다. 그리고 지智는 사단의 마지막에 있는 것이다. 겨울은 저장하는 것이다. 따라서 만물에서 시작되고 만물에서 끝나는 것이다. 지智에 저장된 의義가 있으니 시종始終의 의義다. 즉 측은·수오·공경 이 셋은 모두 행해야만 할 것이지만 지智는 행해야 할 것이 없고 단지 그 시비是非를 분별할 뿐이다.

이에 따르면 지智는 인의예지의 사단의 마지막에 있고, 그것을 춘하추동의 사계에 대비하면 겨울에 해당하므로 지智는 왕往 즉 과거를 저장하고, 래來 즉 미래를 아는 덕성으로 간주된다. 단잔은 이러한 논리에 의거하여 知는 사계로 말하면 겨울에 해당하고, 사계의 덕 즉 원元·형亨·리利·정貞(원은 대大의 의미이고 형은 어떤 것에도 걸림없이 행한다는 의미이며, 리는 만물을 이롭게 한다는 것이고 정은 바르고 견고한 것을 의미한다)으로 말하면 정貞에 속한다고 보면서 다음과 같이 말한다.

> 지知는 겨울에 속하고 정貞에 속한다. 그 본체는 적연하여 고요[靜]하지만 왕往을 저장하고, 그 작용은 운행·발동하여 미래를 아는 묘용을 갖고 있다. 따라서 지知는 만물의 처음과 끝[始終]을 이루는 것이다.

이것은 주자의 '지장설'을 잘 드러내고 있는 것이라 할 수 있다. 단잔은 주자가 『중용』의 중中(화和의 근원)과 성誠(실實의 리)은 지智 혹은 치지致知를 논한 것이라고 언급한 것을 들어, 이 설은 주자가 처음으로 주장한 것이고 안사이가 그 주지를 계승한 것으로 천고千古의 탁견이며 만세의 비지秘旨라고 역설한다. 그리고 원元·명明의 제유諸儒는 이것을 아는 자가 극히 적었다고 언급하고 있다.

지장에 관해서는 또한 다음과 같이 논하고도 있다. 지知는 사덕(인의예지)의 본체로 사덕을 저장하고 있는 곳이며, 따라서 리의 묘용의 근원으로 리를 저장하고 있는 곳이라 할 수 있다. 그러므로 리는 지와 별개가 아니라 우리의 지가 저장한 곳, 묘용처가 된다. 따라서 물의 리를 궁구하는 것은 외물을 좇는 것이 아니다. 주자는 리[諸理]를 궁구해가면 마침내 '활연관통豁然貫通'하여 그것이 일리一理임을 아는 것 그것이 바로 知라 하고 있는데, 위의 내용을 볼 때 이와 같은 깨달음도 신비한 것이 아님을 알 수 있다. 또한 리는 물에 있는 도, 의義는 일에 처하는 도라 하여 리는 외, 의는 내로 규정하고 의리義理를 내외로 나누는 자가 있지만, 위의 내용에 따르면 그것은 내외로 나누어지는 것이 아니라 본래 일원一源임이 분명하다. 지장은 공적한 무無이지만 그 안에 중유衆有를 품고 있다. 또한 소리도 없고 냄새도 없는 온전한 본체이지만 그 중에 활발발지한 동動을 품고 있는 것이다. 따라서 그것은 존재와 발용의 일체, 사계로 말하면 동지冬至의 자시子時 즉 정적이 극에 달해 막 묘용이 움직이려고 하는 때에 해당한다고 한다. 단잔은 이와 같이 지장을 인생우주의 궁극의 도 즉 태극으로 보았던 것이다.

위에서 언급했듯이 단잔에 있어서 지知는 사덕의

정貞이고 물物의 처음과 끝을 이루는 것인데, 심을 떠나 知는 있을 수 없으므로 치지공부에 있어서도 심心의 정貞이라고 할 수 있는 경공부가 점차 중시되기에 이르고, 또한 경에 있어서도 심을 항시 신체 내로 수렴하는 주정수렴공부 즉 정좌체인의 본령공부가 한층 필요한 것으로 간주되기에 이른다.

쿠스모토박사는 단잔의 "지장의 자취는 없다. 겨울에 수렴하는 지극히 공적한 것이 무성무취無聲無臭의 온전한 본체[全體]이면서 활발발지"라는 말을 들어, 단잔의 지장설을 다음과 같이 해설하고 있다.

인간의 지혜가 깊어지면 흔적조차 머물 수 없다. 마치 겨울에 만물이 수장收藏되어 고요함에 돌아가는 것과 같다. 이거라 할 수 있는 소리도 없고 냄새도 없는 인심人心의 면목面目, 우주의 절대성, 천리를 낳은 심心으로 불리는 것. 거기서는 정靜 그대로 무한한 동動이 품어져 있고 내계內界의 입장이 바로 외계外界의 입장이 된다. 역으로 할발한 외계의 입장은 항시 정적한 내계의 공부에 의해 지지되어야 비로소 그 진의眞義를 알 수 있다. 즉 생활의 공동성이 생기고 천지만물을 낳은 심에 복귀하게 되는 것이다. 정좌에 의한 심지深智의 함양(존양의 뜻과 같음)이란 바로 이것에 다름 아니다. 이상은 단잔의 경지이고, 사실 그 일생을 통해 수용된 것이었다.

정좌법

분큐(文久)원년, 단잔은 코우리끼 소세끼(高力雙石) 앞으로 보낸 서간에서 궁리와 거경의 관계, 『소학』에 서술되어 있는 학문과 『대학』에 드러나 있는 학문과의 관계, 격물치지의 의의, 정좌방법 및 기몬학의 특징 등에 관하여 자신의 견해를 상세하게 기술하고 있다.

이번 달 초에 보내주신 서한 황송히 받자왔습니다. 존교에 의하면 음력 2월의 날씨에도 기거 만복하시어 학문에 매진하신다니 진심으로 감축드립니다. 당시 소생은 우매하여 청광淸光이라 할만한 아무 것도 없었으니 부디 마음쓰시지 마십시요. 중춘仲春에 황망히 뵙고 평소에 품었던 생각을 크게 격려받았습니다. 그후 종종 정학正學에 발분하게 되어, 얼마 전 본 바가 크게 부질하였습니다. 이윽고 공·맹·정·주의 정학을 맹세코 존신하게 되니 기뻐 잠들지 못한다는 말은 바로 이와 같은 일인 듯 하였습니다. 지극히 기쁜 일이니 천만의 노력을 경주해야 할 것입니다. 모든 사람들은 천명유행과 조화발육을 부여받아 방촌지간이 허령통찰하고 만리가 구비되어 있지만, 기에 구속되고 물에 가려져 장애된 까닭에 혼란하고 미혹되어 본래성에 돌아감을 모르는 것이 바로 중인衆人들의 모습입니다. 그런데 인간과 만물이 본래 이처럼 付○라고 하면서 ○○*한 곳으로부터 공맹정주가 가르침을 세우셨으니, 이것은 중인의 몸을 본래의 것으로 이끌어주신 것입니다. 그 가르침을 요약하여 말씀드리자면 '거경궁리'의 네 글자라 할 수 있습니다. (거경과 궁리는) 머리를 나란히 하고 두 다리가 축이 되어 나란히 진행되는 것입니다. 논어의 이른바 "박문약례博文約禮", 중용의 "존덕성尊德性, 도문학道問學", 정자의 "함양수용

* 이곳의 ○는 원전 자체에 결해 있는 부분.

경涵養須用敬, 진학재치지進學在致知" 등은 주자가 평생토록 받든 화두입니다. 이 두개의 항 중에 하나라도 결하게 되면 본분의 수행은 불가능하게 됩니다. 왕양명은 바로 이 학문에 있어 한 쪽으로 치우쳤기 때문에 식자들의 비판을 받았던 것입니다. 그런데 이 존양거경의 공부에 대해 보자면, 고인古人은 8세에 『소학』을 시작하여 쇄소응대洒掃應對를 실천하면서 근본을 순정純正하게 했습니다만, 후세에 이르러 『소학』의 가르침이 폐해짐에 따라 본령공부가 결하게 되었습니다. 주자가 이를 우려하여 『소학』의 편집을 행하였습니다. 고인은 어렸을 때부터 이 책을 보면서 우리의 이 몸을 본분으로 비유하신 곳을 곰곰이 음미하고 이해하여 왔습니다. 그런데 『대학』과 『소학』이 한꺼번에 하는 공부로 되면서 나이가 든 자들은 좇아갈 수 없게 되고, 이에 경敬을 도출해 내기에 이르렀으니 남이 한번 하면 자기는 백번하고 남이 열 번 하면 자기는 천 번 하는 끈질긴 노력을 이 경敬에 가하지 않으면 안되게 되었습니다. 그렇지 않으면 근본이 소략해지고 결국 총명이 열리지 않습니다. 이는 "지수止水가 명明을 낳는다"는 말과 합치됩니다. 나아가 이 경공부에 대해서는 『대학혹문大學或問』에 상세히 기술되어 있는 바와 같이, 우선 이 심신을 정일精—하게 하지 않으면 행할 수 없는 것입니다. 원래 경敬은 동정을 관통하여 행주좌와行住坐臥 어느 때건 심신을 수렴하는 것입니다 이 경의 묘미를 체험하는 데에는 정좌만한 것이 없습니다. 이것이 바로 주렴계의 '주정主靜'이 의거하고 있는 곳입니다. 정좌는 선종의 좌선입정坐禪入定과 같지 않습니다. 오토베 료켄(跡部良賢)은 정좌설에서 다음과 같이 말하고 있습니다.

정좌법은 '자리[坐]를 고요하게[靜] 하는 것'으로 좌선과는 다르다. 좌선은 결가부좌하여 눈은 코끝을 보고 마음은 배꼽아래에 수렴하여 생각[念慮]을 끊는 것이다. 즉 좌선은 강제로 하는 것이지 한가하고 여유로울 때 하는 것이 아니다. 향 한 심지 또는 두 심지라고 정해놓거나 혹은 한 시, 두 시 등으로 정해서 하기 때문에 궁하고 막히게 되어 심이 엉켜 유행하지 못한다. 그리고 결국 심신을 사물화死物化시키고 만다. 정좌는 이처럼 시간이나 시각을 정하지 않고 아침이든 저녁이든 밤이든 사물에 접한 후 그 작용을 다 마치고 틈이 있을 때 또는 독서하고 필기하고 나서 틈이 있을 때, 여하튼 아무 것도 하지 않을 때 하는 것이다. 정좌를 하던 책상다리를 하던 그 때 있는 곳에서 자세를 편안히 하여 몸을 쭉 피고, 손을 한 곳에 모으고 몸을 유유자적하게 하여 마치 호테이(布袋)*가 앉아 있듯이 한다. 방글방글 웃는 듯한 마음을 가져 마음이 엉기지 않도록 느긋하게 하여 앉는다. 그렇게 해서 마음을 가라앉히면 여러 가지 일[事]들이 생겨나온다. 그것들을 무리하게 제거하려고 하면 안 된다. 느긋한 기분으로 천천히 제거하여 마음을 지그시 진정시키면 저절로 잡념이 그치게 된다. 만일 그것을 강제로 내리눌러 물리치게 되면 갑자기 그 흔적이 나타난다. 처음에는 졸릴 때도 있는데 그것은 심기心氣가 편안히 가라앉기 때문이다. 잠이 오면 '아차'하고 정신 차리면 된다. 주자가 말하길 "정좌하지 않고 단지 선잠만 잔다"고 언급한 것이 바로 이것이다. 여러 잡념이 일어나도 그것은 심기가 진정되었기 때문이니 계속 전념해가면 나중에는 갖가지 일들이 일어나지 않게 된다. 잠도 마찬가지이다. 새가 우는 소리, 바람이 부는 소리, 비가 내리는 소리, 옆 사람의 목소리 그리고 종소리만 마음에 울리게 된다. 고요함 속에서[靜中]의 지각이 바로 이것이다. 이윽고 정靜하게 되면 '벌목정정伐木丁丁

---

* 칠복신七福神의 하나로 배가 뚱뚱하며 항상 자루를 메고 있음.

(팍팍 나무 자르는 소리), 산 더욱 그윽하네'(두보의 시)의 마음과 같게 된다. 그리고 마음이 담연히 평안해지면 밝게[明] 된다. 처음에는 눈이 희번덕거리지만 마음이 고요해지면 그치게 된다. 주자의 '마음이 배양되어 평안해진다'는 말을 생각해봐라. 그러면 심신이 편안하고 느긋해진다. 잡념이 없어지고 고요해지면 문득 경서經書의 리理 등이 생각나기도 한다. 그때 그것을 끄집어내어 음미하면 밝게 깨닫게 되며, 또한 자취가 멈추고 고요해진다. 마음이라는 기관은 생각하는 것이므로, 생각해야 할 것은 생각하는 게 좋다. 생각하던 것에 결말이 나면 다시 자취는 그치고 고요해진다. 그 사이 밖에서 사람이 오던가, 배달부가 오던가, 부인이나 종복이 무언가를 말하면 거기에 응하여 그 일을 처리하고 다시 고요하게 하면 된다. 미발의 장場이 여기라고 알면 이미 이발이다. 새소리, 바람소리가 마음에 울릴 때까지는 미발의 장이다. 새다 바람이다 하면 이미 이발이구나하고 알면 된다. 느긋한 마음으로 정좌하여 그 맛을 알지 않으면 안 된다. 눈으로 보는 것도 마찬가지이다. 새가 날거나 바람이 나뭇잎을 흔들거나 하는 것도 고요한 가운데 자연히 눈에 보이면 마음에 울리게 된다. 그것을 무엇이라고 생각하면 이발이다. 정좌하여 사물과 접할 때 이 마음을 간직하지 않고, 움직이는 대로 일[事]에 야단법석하면 본연의 정靜을 잃게 된다. 그렇게 되면 정靜의 장과

동動의 장이 둘로 나누어진다. 사물에 접할 때도 주정을 근본으로 하여 접해야 한다. 기거어묵起居語黙 그 어느 때건 정靜해지도록 조금씩 주의하라. 잠시라도 정좌의 마음을 잃게 되면 전체주정全體主靜의 공부는 이루어지지 않는다. 경敬이 정靜의 공부라 하는 것도 바로 이 때문이다. 정좌 중 잡념을 끊는 것도 경敬이고, 졸린 것을 '안돼' 하고 일깨우는 것도 바로 항상 깨어있는[常惺惺] 경敬이다. 경敬의 묘미는 정좌에서 알 수 있다. 이것을 시험해보면 자세히 알 수 있게 될 것이다.

이상의 글에서 정좌공부를 상세히 알 수 있습니다. 그 중에서 무엇보다 경敬이 일심의 주재이고 마음의 정貞이라고 하는 부분은 잘 깨달아야 합니다. 그렇게 되면 심신이 수렴되고 동정행지動靜行止 모두 경敬으로 응집됩니다. 이것이 바로 본령공부로 거경존양의 제1 착수처입니다. 존형께서는 지금까지 단지 궁리·독서상에서만 노력하시고 거경존양상에서는 체험하지 않으시는 동안 도리가 체인되지 않았던 것 같다고 조심스럽게 추측해 봅니다. 주자의 가르침도 궁리만 하는 사람에게는 존양을 주로 하여 가르치고, 존양만 일삼는 사람에게는 궁리를 주로 하여 가르치셨습니다. 부디 위의 본령공부를 체인하시고 그로부터 궁리로 옮겨가시길 바랍니다. 밭을 갈지 않고 씨를 뿌리지 마십시오. 이 격물궁리의 학은 세상의 박식한 자들에게는 없으니 즉시 궁구하여 만물일원의 곳을 통철해야 합니다. 여기에 눈뜨면 "전성후성前聖後聖, 그 길은 하나"에 부절符節한다고 생각됩니다. 이것이 『대학』의 가르침이고 전현前賢 도통道統의 전傳이니 묵계墨契하셔야 합니다. 치국평천하의 대사업도 이것으로부터 용출하는 것입니다. 격물치지도 기묘한 것에 있는 것이 아니라 단지 성현의 책을 읽고 사물에 접하며, 붕우와 강습하고 심사心思를 체찰體察하며, 천지조화나 금수초목에까지 처하는데 따라 하나하나 통찰洞察하여 그 자연당연, 행하여질 리, 그래야만 할 곳들을 궁구해가면 그것이 오래 쌓여 활연히 깨달음에 이르게 됩니다. 이 리를 궁구함에 의해 심을 다하게 된다고 말씀드립니다. 그리고 이에 의해 만물 일원, 통체일태극統體一太極이 훤히 드러나옵니다. 소생이 다음과 같은 말을 한 적이 있습니다. "일심의 리는 마치 일천一天의 달과 같고 만물의 리는 만천萬川의 달과 같다. 만천의 달은 곧 개개 사물에 갖추어져 있는 각구各具의 태극이고, 일천의 리는 곧 통체統體의 태극이다. 이 하나의 태극은 온갖 만물의 태극을 통섭한다. 그리고 일심의 리는 만물의 리를 관섭管攝하는 것이다. 이로부터 이 마음을 갖고 천하만물의 리를 알 수 있음을 볼 수 있다. 이러한 까닭에 만물의 리를 궁구하지 않으면 나의 체體를 다할 수가 없다. 만물의 리를 궁구해도 실은 내 마음의 체體를 증감增減함이 없다. 마치 일천의 달이 본래 (개개의)하나의 달이고 만천의 달도 역시 하나의 달인 것과 같다. 저것과 이것이 서로 통하니 본래 단지 하나의 달인 것이다. 저것은 족하지 않고 이것은 남음이 있는 것이 아니다. 단지 만천의 달을 보지 못하면 일천의 달의 전체 묘용을 다하지 못한다. 이곳은 참으로 언어로 표현하기 어려운 점이 있으니 식자는 모름지기 묵계해야 할 것이다. 이것이 바로 궁리의 대지大旨이다".

여하튼 우리 정학正學은 거경과 궁리의 균형을 잘 음미하고 이해하지 못하면 그 작용[用]이 서지 않습니다. 정좌에서 경敬의 묘미를 도출하고, 나아가 주자의「경재잠敬齋箴」에서 그 전체를 생각해 보십시오. 성학의 처음과 끝을 이루는 것은 실로 이 경敬한 글자에 있습니다. 정학正學을 존신尊信하라는 것은 소생의 말인데, 모처럼 질문하셨기에 대충 말씀드렸으니 사리에 맞게 잘 고쳐서 살펴보시기 바랍니다. 또한 서간에서 의문을 말씀하신 곳은 반드시 삼가 경청하겠습니다. 이러한 곳이야말로 붕우와의 강습이 가장 필요한 곳으로, 하루라도 숨기면 심체가 그만큼 장애됩니다. 붕우간에 분명히 선양하고 그 시비의 궁극까지 파고들어야 합니다. 천만번 자세하고 면밀한 곳에 힘써 노력해야 합니다.

소다(早田)형의 근황은 어떠하십니까? 그리고 구와다(桑田)에게도 안부 전해주십시오. 에도에서의 수행이 어떠한지 듣고 싶습니다. 아무쪼록 붕우들에게 소생이 앞에서 말한 글의 뜻을 하나하나 전해주시길 바랍니다. 그리고 섹스이 동생에게도 보여주시길 바랍니다.

이상 잘 부탁드리겠습니다. 초초돈수草草頓首.

별지別紙로 말씀드립니다. 본문에서 말씀드린 대로

거경궁리는 실로 정학으로 명심하여야 할 곳입니다. 소생이 문자로 표현하긴 했지만 뜻대로 잘 되지 못했습니다. 심의로 자득한 것을 잘 말씀드리지 못해 대단히 송구스럽게 생각합니다. 이 거경궁리는 오늘 거경하고 내일 궁리한다는 뜻이 아닙니다. 대체로 거경이 근본이고 앞서 있는 것이지만 동시에 경하고 궁리하여, 거경에 이르면 궁리도 점점 정밀하게 되고 궁리가 진전되면 거경도 점차 이루어지는 것입니다. 수행함에 있어 부디 이 점을 잘 음미하시기 바랍니다. 본문 및 이 별지에 혹 의문이 있으시면 수고를 마다하지 마시고 지적하여 주십시요. 붕우간의 강습의 유익한 곳이 바로 이것입니다. 정주의 정학正學을 일본에서 안사이의 사제 3, 4인이 매우 잘 깨우치셨으니, 기몬 이래 끊어진 학문이 이제 부흥을 맞이하게 되었습니다. 정학의 종지를 잘 표현한 말에 다음과 같은 글이 있습니다.

성인, 가르침을 세워 사람들로 하여금 이 마음의 영묘함을 묵식默識하고 이것을 단좌정일端坐精一 중에 간직하여 궁리의 근본으로 하게 함으로써, 사람들로 하여금 중리衆理의 묘를 알고 학문사변시 이것을 궁구하여 마음을 다함으로써 크고 작은 것들이 함께 함양되고 동정이 함께 배양되도록 한다.

참으로 묘지妙旨의 말입니다. 아무쪼록 밤낮으로 음미하여 체인하시길 바랍니다. 부디 생각나실 때마다 시교示敎를 내려주시길 간절히 기다리고 있겠습니다. 돈수頓首

만년의 지장설을 제외하면, 이 서간만으로도 단잔의 학설을 거의 엿볼 수가 있다. 평이하게 위 글의 요지를 기술하면 다음과 같다.

인간의 마음은 허령虛靈하지만 그 안에 만리를 갖추고 있는데 그것은 선천적인 것이다. 그런데 일반인들은 마음이 기질이나 물욕에 가려져 있기 때문에 그 본래성에 돌아갈 수 없다. 그래서 공자와 맹자, 정자와 주자와 같은 성인·현인들이 사람들의 마음을 그 본래성에로 돌아가도록 하기 위해 다양한 가르침을 폈다. 그 가르침은 요컨대 거경궁리로 요약된다. 거경과 궁리는 병진竝進해야 할 것으로, 만일 이 중에서 하나라도 결하면 본분의 수행이 불가능하게 된다. 왕양명의 학문은 바로 이것이 치우쳐 있었기 때문에 식자들의 비판을 받게 되었던 것이다.

고인古人은 소학에 들어갔을 때부터 동작용모상의 수행에서 시작하여 근본에로 나아갔는데, 후세에 이르면 이 소학이 폐지되어 버렸다. 그런데 나이먹은 사람들은 소학과 대학 공부를 함께 하지 않으면 안 되었고, 그렇다고 소학부터 다시 할 수는 없었다. 따라서 경敬의 존양에 온 힘을 쏟지 않으면 안 되게 된 것이다. 그렇지 않으면 근본이 조략粗略해지고 그에 따라 총명도 개발되지 않기 때문이다. 이 존양을 종지로 하면 저절로 명지明知가 드러난다. 이것이 소위 '지수止水가 밝음[明]을 낳는다'고 하는 것이다.

경공부에 관해서는 주자가 『대학혹문』에서 상세히 서술하고 있는데, 그것은 먼저 이 심신을 정일精一하게 하지 않으면 행할 수가 없는 것이다. 원래 경은 동정을 관통하여 행주좌와行住坐臥 그 어느 때건 심신을 수렴하는 것인데, 경의 묘미를 체험하는 데에는 정좌만 한 것이 없다. 주렴계의 주정도 이것에 의해 수립된 것이다. 다만 정좌라 해도 그것은 선종의 좌선입정과 같은 것이 아니다.

정좌법에 관해서는 오토베 료켄(跡部良賢)의 설이 가장 좋다. 그에 의하면 정좌는 좌선과 같이 때를 정하여 결가부좌하거나 눈은 코끝을 보고 마음은 배꼽 밑에 수렴하여 념려念慮를 끊음으로써 결국 마음이 막히고 엉기게 하여 그것을 사물화死物化해버리는 것이 아니다. 그것은 때를 정하지 않고 한가한 때에 심신을 편안히 하여 엉기지 않도록 하고, 잡념이 일어나도 억지로 제거하지 않고 서서히 몰아내어 마음을 고요하게 한다. 지각도 마찬가지이다. 사려가 생기면 그것을 밝게 하고 나서 고요하게 하고, 일이 생기면 그것을 처리하고 나서 다시 고요하게 한다. 이와 같이 오로지 정좌하여 그 묘미를 알도록 하지 않으면 안 된다.

고요한 가운데서 자연히 감하는 곳이 바로 미발이고, 그것을 지각하는 것이 이발이다. 정좌하여 일[事]을 만날 때 마음이 움직이는 대로 놓아두면 본연의 고요함이 상실되어 정과 동이 두 개가 되어버리기 때문에, 그 경우에도 주정을 근본으로 하지 않으면 안 된다. 즉 기거어묵起居語黙 그 어느 때건 고요해지도록 마음을 다잡아 잠시라도 정좌의 마음을 잊지 않도록 한다. 그러면 온전한 본체[全體]가 주정공부에서 떨어지지 않게 된다. 경敬이 정靜 공부라고 하는 이유가 바로 여기에 있다. 정좌시 잡념을 끊는 것도 경이고, 졸리운 것을 성성하게 깨우는 것도 경이다. 단, 경의 묘미는 정좌에 의해 비로소 알 수 있는 것이다. 이상이 오토베 료켄의 정좌법이다.

경敬은 일심의 주재 또는 심의 정貞이라고 말해지는데, 이곳을 잘 인식하면 심신이 수렴되어 동정행지動靜行止 어느 때건 모두 경으로 응집된다. 이것이 본령의 공부이다. 존양과 궁리는 함께 행해지지 않으면 안 된다. 그렇지 않으면 존양도 참되지 못하고 궁리도 정밀하게 되지 않는다. 따라서 주자는 궁리만으로 내달리는 자에게는 주로 존양을 가르치고, 존양에만 향하는 자에게는 주로 궁리를 가르쳤던 것이다. 그러나 무엇보다도 본령공부를 체인하고 나서 궁리로 옮겨가지 않으면 안 된다. 이것은 밭을 갈고 나서 씨를 뿌려야 하는 것과 같은 것이다. 따라서 격물궁리의 학도 세간의 유자처럼 단지 박식을 추구하기만 하면 되는 것이 아니다. 그것은 만물의 본원을 통찰하는 데까지 이르지 않으면 안 되는 것으로, 치국평천하의 위업도 실은 여기에서 비롯되는 것이다.

격물궁리라 해도 어떤 특별한 것을 하는 것이 아니라, 단지 성현의 책을 읽고 붕우와 강습하며 천지 사이의 일을 하나하나 통찰하여 그 자연의 리, 당연의 리를 궁구하는 것일 뿐이다. 이와 같은 공부를 쌓아가면 활연관통豁然脫然한 경지에 들게 되고, 만물의 리를 궁구해가는 것이 곧 심의 본체를 다하는 것이 되어 마침내 만물의 일원一源인 통체의 태극이 밝게 되는 것이다. 이 일심의 리 즉 심체를 하늘의 달에 비유하자면, 만물의 리는 수많은 강[萬川]에 비친 달과 같다. 만천의 달은 이른바 '각 개체들에 내재되어 있는[各具] 태극太極'이고, 하늘의 달은 이른바 '통체의 태극'으로, 후자는 전자를 통할統轄한다. 따라서 일심의 리 즉 심체가 만물의 리의 통체임을 알 수 있다. 다만 심체는 눈에도 보이지 않고 귀에도 들리지 않는 것이므로 만물의 리를 궁구하지 않으면 나의 심체를 다할 수 없다. 그러나 심체와 리는 하나이므로 만물의 리를 궁구해도 심체에 증멸增滅을 초래하지는 않는다. 그것은 마치 하늘의 달도 만천에 비친 달도 결국 하나의 달로, 거기에 과불급이 없는 것과 같은 것이다. 그러나 만천의 달을 보지 않으면 하늘의 달의 전체묘용을 다 할 수 없다. 이것은 말로 설명할 수 없는 것이다.

이상이 궁리의 대요大要이다. 요컨대 거경과 궁리의 관계를 잘 이해하지 않으면 안 된다. 양자는 오늘 거경하고 내일 궁리하는 것과 같은 관계가 아니다. 거경을 하면서 궁리하는, 그리고 거경의 공부가 진전되면 궁리도 정밀해지고 궁리가 진전되면 거경도 마쳐진다. 이 병진의 요령을 잘 이해하지 않으면 안 된다. 그러나 경敬은 성학의 처음과 끝을 이루는 것이고, 경의 묘미를 알기 위해서는 정좌만한 것이 없다.

정주의 학은 일본에서는 야마자키 안사이의 사제師弟 3,4 명이 그 종지를 전하고 있는데, 지금이야말로 기몬이래 끊어진 이 학문을 부흥시켜야 할 때라고 생각된다. 안사이는 정학正學의 종지를 다음과 같이 말하고 있다. '성인은 사람들로 하여금 이 심의 영명함을 깨닫게 하기 위해 심의 단장정일端壯精一이 궁리의 근본이고 거기에 바로 중리衆理의 묘용이 저장되어 있음을 알려주었다. 동시에 또한 학문사변學問思辨함에 있어 리를 궁구하는 것이 심을 다하는 공부임을 천명하였다. 이와 같이 양자가 상호 길러주지 않으면 안 된다는 것을 가르쳤다'. 그가 말한 그대로이다. 우리들도 아침저녁으로 이처럼 하지 않으면 안 될 것이다.

이상의 기술에 의해 단잔 학문의 대요를 알 수 있음과 동시에 그가 정좌를 주장하는 의도도 잘 알 수 있을 것이다. 단잔의 정좌징심은 심잠치밀하여 천지의 마음과 만물의 본원을 체인·자득하는데 이르렀다. 츠끼다 모사이의 말에 의하면, 단잔은 정좌 중에 선향線香을 사르고 그 재가 향로에 떨어지는 것을 보면서 가슴속에서 감하는 바가 있어 천지만물과 내가 원래 일체임을 깨달았다고 한다. 결국 정좌에 의해 천지가 물物을 낳는 마음을 체인하고 그것에 근거하여 학문하고 시를 짓고 정치를 행하였던 것이다.

메이지 3년경, 단잔은 강습소 학생들을 위하여 일과日課를 정했다. 이것은 본래 한문으로 쓴 것인데, 카

키구다시(書き下し)문*으로 고쳐 서술하기로 한다.

일과표

주자가 말하길, "엄격한 과정을 세워 서서히 자기의 뜻을 드러내라"고 하였는데, 이것은 선생의 가법家法이니 배우는 자들은 모름지기 이 뜻을 잘 체인하여 소홀히 하지 말 것이다.

오전 6시에 일어나 세면하고 양치질한 후 의관을 정제하고 시선을 존엄하게 하여 향이 한 심지 사를 때까지 엄숙히 정좌한다. 그것이 끝나면 곧 낭랑한 목소리로 경서를 송독誦讀하여 오전 8시에 이른다. 오전 8시에 조찬을 먹는다. 조찬이 끝나면 외모를 정돈하고 책상에 앉아 경서를 펼쳐들고 침독沈讀한다. 함영묵사涵泳黙思, 의리통철義理通徹하여 오전 10시에 이른다. 10시에 제자諸子를 펴서 조용히 그 뜻을 완미하며 정오에 이른다.

---

* 한문을 읽기 위해 만든 일본식 독법을 말한다.

오찬이 끝나면 천천히 걸으면서 소요逍遙한다. 사려를 정돈하고 한 심지 정좌한다. 혹은 시를 암송하면서 성정을 노래하거나 혹은 글을 읽고 작문을 한다. 그 뜻에 잘 부합하여 종용히 자득하고, 공자가 증점에게 인정한 기상을 갖는다. 오후 2시에 이른다.

오후 2시에 청강聽講한다. 강의가 끝나면 역사에 대하여 고금의 연혁과 치란흥망의 자취를 공부하면서 오후 6시에 이른다.

오후 6시, 식사가 끝나면 혹은 윤강輪講하거나 혹은 경을 읽거나 혹은 제자諸子를 완미한다. 한가로이 반복하면서 입정入定에 이른다. 막 침상에 들려 할 때 위좌危坐[端坐]하여 낮 동안 행한 바의 시비득실을 묵성黙省하고 잡념을 억제하여 엄히 쓸데없는 생각을 끊고 깊고 고요한 허명虛明의 본체에 돌아간다. 그런 후 수족을 가지런히 하여 유유하게 잠을 청한다. 꿈꾸는 동안에도 또한 나의 공부가 진보함을 경험해야 할 것이다.

이에 따르면 단잔은 하루 세 번 정좌하는 것을 일

과로 삼고 있었음을 알 수 있는데, 청초의 유자 이이곡李二曲 또한 정좌를 중시하여 하루 세 번 아침, 낮, 저녁으로 향을 사르고 정좌하라고 가르쳤다. 그리고 그것을 각각 매상향昧爽香, 중오향中午香, 술해향戌亥香이라 이름 붙였다. 그에 의하면, 날이 밝아 일어날 때는 마음은 아직 외물과 접하지 않아 순수하지만 일어나 무언가 일을 하면 외물에 접하여 마음이 산란해지기 쉬우므로 먼저 한 심지 향을 사르고 정좌한다. 낮 무렵이 되면 마음이 잡사雜事 때문에 혼란해지기 쉬우므로 서둘러 정좌하여 그 순수함을 잃지 않도록 한다. 밤에는 낮 동안 내 마음이 과연 순수했는가를 정좌를 통해 반성해 본다.

　단잔은 스스로 정좌를 실행한 것은 물론 자제들의 교육에도 이것을 엄격히 실시하였던듯 하다. 히라도에서 사쿠라다니(桜溪) 서원書院을 열고 동생 섹스이와 함께 전국각지에서 모여든 문인들을 가르쳤는데, 단잔의 교육은 정좌체인이 그 안목이었다. 단잔의 문인 중에 코테다 야스사다(籠手田安定)*라는 사람이 있었다. 그는 훗날 사가(滋賀)현의 명지사名知事로 이름을 날린 인물인데, 그의 저서 『묵재만여默齋漫余』에는 다음과 같은 시구가 실려 있다.

> 兀坐孤燈下, 湛然精一心. 玉爐香欲盡, 殘月落前林.
> 외로운 등불아래 올좌하니 깊고 그윽하도다 정일의 마음이여! 옥로, 향을 남김없이 사르고자 하는데 잔월殘月이 앞 숲에 지네.

이를 보아도 정좌체인을 중시했던 단잔의 학풍을 엿볼 수 있다.

---

* 1840~1899. 메이지기의 지방행정관. 메이지1년 판사시보를 시작으로 17년 원로원강관講官, 18년 지사를 거쳐 30년 귀족원의원을 지내고 남작男爵을 하사받았다.

정좌집설靜坐集說

단잔의 「학습록」 중에서 정좌에 관한 말들을 채록하여 독자의 이해를 돕고자 한다.

01 우리 흉중에 측은지심이 가득 차 있으면 천지 사이도 모두 측은지심으로 가득하게 된다. 그러므로 아기가 우물에 빠지는 것을 보거나 희생犧牲의 소가 당하堂下에서 끌려가는 것을 보면 마치 자기 몸이 찔리고 있듯이 측은하고 애처롭게 여기는 것이다.

02 정좌로 마음을 수렴하여 그 극치에 달하면 돌연 마음이 열려 신변의 일상생활에서도 깊은 도를 깨닫게 된다.

03 동틀 녘에는 아직 사기邪氣에 오염되지 않은 밤의 순수한 마음이 있다. 따라서 본성에로 돌아가는 학문은 정좌하여 마음을 수렴하는 것이 우선이다.

04 경敬이란 정제엄숙을 말하는데, 그 방법으로는 정좌가 가장 좋다.

05 옛 소학小學의 가르침이 폐하여진지 이미 오래지만 그 정신은 엿볼 수 있으니 경敬이 곧 그것이다. 경이란 정제엄숙을 말하는데 그 방법으로 정좌보다 좋은 게 없다.

06 정좌명목靜坐瞑目하여 그것을 보면 상하도 없고 전후도 없어 넓게 확 트인 허무虛無가 되고, 천지사방에 두루 통하여 한 점의 걸림도 없게 된다.

07 어느 날 향을 사르고 정좌하고 있을 때 이 마음이 완전히 명경지수와 같음을 깨달았다. 거기에는 가고 오는 것도 없고 내외도 없다. 그 때는 새가 날고 물고기가 헤엄치며 벌레가 우는 것이 이 마음과 감통하며, 마음도 내 마음이 아니고 물物도 저

쪽의 대상적 물이 아니게 된다.

08 윤달 14일 밤, 잠시 정좌하고 있을 때 갑자기 이 마음이 평안해지면서 위도 없고 아래도 없이 모든 사물들이 그 본래로 돌아가고, 나 자신은 그것들에 아무런 관여도 하지 않음을 깨달았다.

09 전전긍긍戰戰兢兢이란 무서워 벌벌 떨며 수저를 떨어트리는 것과 같은 마음이 아니라, 한 그루의 통나무 다리를 건널 때와 같이 허심虛心이 되어 심중에 일물一物도 얽혀있지 않은 상태를 말하는 것이다. 이것이 소위 "이 마음을 수렴하여 일물도 들이지 않는다"는 것으로 경敬의 극치이다.

10 심중에 물物이 있기 때문에 본심이 가로막혀 통하지 않게 되는 것이다. 물이 한 덩어리 있으면 한 덩어리만큼 통하지 않는 곳이 생기고, 머리카락만큼 있으면 머리카락만큼 통하지 않는 곳이 생긴다. 인욕이 완전히 소멸되어야 비로소 마음이 명지明知를 얻을 수 있는 것이다. 이것을 태양에 비

유하면, 구름이나 서리가 완전히 흩어져야 비로소 빛이 두루 비추게 되는 것과 같다.

11 심중에 일물의 얽힘도 없으면 마음은 편벽되지 않고 평안해진다. 이것이 상하에 통하는 마음의 본체인 것이다.

12 양명은 정좌가 소학공부를 보충하는 것이라고 했는데 참으로 그가 말한대로다.

13 겨울은 수렴을 주로 한다. 따라서 배우는 자의 공부도 수렴을 귀히 여기는 것이다.

14 정좌하고 있을 때 쓸데없는 잡념이 꼬리를 물고 생겨나 제거하면 제거할수록 점점 더 커지는 것은 모두 과거 행行의 흔적이다. 곰곰이 생각해보면 이러한 잡념이 생기는 것은 평생의 행위가 도에 맞지 않았고 그 때문에 마음에 불만이 있었던 탓이다.

15 우리가 정좌하면 일생토록 리理와 어그러졌던 행위들이 그대로 모습을 드러내온다. 이 마음은 영

명하여 마귀를 비추는 거울과 같은 것이다. 이러한 때를 당하여 식은땀을 흘리지 않는 자는 거의 없을 것이다.

16 잠자리에 들기 전에 잠시 정좌하고 나서 유유히 몸을 눕힌다. 그러면 이날 밤의 꿈은 청정하여 여느 때와 달라진다. 매일 밤을 이와 같이 하면 점점 진전하는 곳이 있을 것이다.

17 이 심중에 일물이라도 있으면 그것은 이미 사私이다. 일물도 없으면 지극히 공公하다. 단지 경敬하기만 하면 무물無物이 된다.

18 성인의 학은 마음의 미발에서 공부를 하고, 선학禪學은 마음의 의념에서 공부를 한다.

19 희노애락의 정이 아직 발하지 않을 때에는 마음은 깊고 그윽이 허명虛明하여 성체性體가 드러난다. 천리를 체인하는 것은 물론 이때이고 그 기상을 보는 것도 물론 이때이다. 따라서 그것을 '주정主靜'이라고 한다. 희노애락의 정이 이미 발하였을 때에는

맹렬히 성찰한다. 그러나 심체心體는 변함없이 고요하다.

20 이 마음이 수렴되는 것을 '주정'이라고 한다.

21 정시靜時의 존양이 익어지면 동시動時에도 마음이 안정되고 정시靜時에도 마음이 안정된다.

22 정시의 존양은 공부의 제1의이다. 그래서 공자도 "묵묵히 그것을 찰식하라"고 한 것이다.

23 정좌함에 있어 우리 마음에 일물이라도 얽힘이 있으면 분명히 지각하여 속임당하지 않는다. 존양은 이것을 존양하는 것이고 성찰은 이것을 성찰하는 것이다.

24 진백사陳白沙는 "정중靜中에서 단예端倪를 양출養出한다"고 했다. 이것은 송대의 유자들이 이미 언급하고 있다. 주자는 임택지林擇之 앞으로 보낸 서간에서 "단지 이 함양하는 가운데 점점 이 단예를 체득하면 곧 하나하나가 바로 자기의 물物이 된다"고

말하고 있다.

25 주정의 학은 존양으로 본령을 삼으니, 우리들은 먼저 여기에서 공부를 가하지 않으면 안 된다.

26 현재 송학이라 칭하는 자들 중에 본령공부를 결하고 있는 자가 많이 있다. 주자는 "단예의 찰식을 갖고 초학자들이 착수처로 삼는다. 그런 까닭에 평일 함양의 공부를 결하여 그 일용의 의취가 항시 동動에 치우쳐 있으며 또한 깊고 순일한 맛이 없다. 그 언동이나 사위事爲에 발할 때도 또한 항시 조급하고 들떠 옛 성현의 기상이라곤 전혀 없다"고 하였다.

27 나는 요즘 현기증에 시달렸는데 아무리 번민해도 소용없었다. 그래서 서책을 내던지고 정좌하여 눈은 코끝을 응시하고 마음은 배꼽 밑에 두어 하루 이틀 지나자 마침내 약 없이도 병이 나았다.

28 미발의 공부가 점점 무르익으면 기미(유와 무, 동과 정, 미발과 이발의 사이)를 닦을 힘이 점차 정

밀해진다. 그러면 마치 거울이 사물을 비추고 저울이 사물을 재듯이, 접하는 것마다 어떤 미세한 것도 모두 분별할 수 있다.

29 미발공부는 엄숙하게 사념을 응집시킬 때처럼 심중에 일물도 없는 것이다. 만일 그때 어떤 영묘한 것이 보였다면 그것은 도가 아니라 기의 작용인 식신識神이다. 그것은 마음의 찌꺼기가 아직 남아 있다는 증거로 참된 미발의 경지에 달하였다고 할 수 없다. 미발공부는 이유도 모르고 잠드는 것과는 다르다. 있는 듯 하면서도 없고 없는 듯 하면서도 있는 것으로, 엄숙한 마음으로 통나무를 건널 때 체인되는 것과 같은 것이다.

30 정좌수렴의 극치는 일양一陽이 돌아오는 동지冬至와 같다. 옛 왕은 이 날 재계하여 몸을 근신하고, 관문을 닫아 상인이나 여객의 출입을 제지하였으며, 군주는 사방의 순시를 멈추었다. 이렇게 하여 미미한 양[微陽]이 왕성해지기를 비는 것이다. 그러면 생의生意가 자연스레 운행하고 천기天機(천의

작용)가 자연스레 움직인다. 그리고 그렇게 되면 천지의 마음을 알 수 있게 된다. 잡념·사려가 분분히 일어날 때는 마음이 외물과 왕래하여 안정되지 않고, 친구도 유유상종하여 내 생각에 맞설만한 자가 다가온다. 이래서는 어찌 맑고 확 트인 지공至公의 마음으로, 아무런 걸림없이 공평하게 사물에 순응할 수가 있겠는가!

31 나는 오슈奧州 여행 중에 여관에서 정좌한 적이 있는데, 이 마음이 붕떠서 안정되지 않았다. 그래서 확실히 다잡지 않으면 안되겠다고 생각하고는 단단히 마음먹자 조금은 안정된 듯한 기분이었다. 그러나 얼마안가 퍼뜩 '이것은 조장助長이다'는 생각이 들었다. 이에 단지 '처하는 곳마다 천리를 체인'하려고 하면 된다고 스스로를 경계하였다.

32 마음이 응집凝集되면 명지明知가 생겨난다. 이것은 해와 달을 보면 알 수 있다. 그러므로 천天의 사덕(원元, 형亨, 이利, 정貞) 중의 정貞을 인간의 사덕(인, 의, 예, 지) 중의 지智에 배열하는 것이다.

33 학문이란 항시 심신을 평온하게 하는 것이다. 원래 물物에 접하거나 사事를 처리할 때 단지 이 리에 따라 행하고 다른 일이 흉중에 들어있지 않으면 비록 유사시有事時라 하더라도 실은 평온한 것이다. 물이 제거되고 사가 처리되어 마음이 깊고 고요히 미발로 돌아가면, 이것은 무사시無事時이지만 물론 또한 평온하다.

34 꽃이 질 때에 꽃잎은 피어있는 채 오므라들지 않는다. 사람이 죽을 때는 숨을 토한채 그것을 들이마시지 않는다. 들이마시고 오므라듦은 생존의 도이다. 그러므로 학문도 수렴을 공부로 한다. 천지도 수렴하기 때문에 변화가 가능한 것이다. 사람도 천天도 도道에 있어서는 차이가 없다.

35 정좌하여 마음이 깊고 고요해진 때에는, 눈은 색에 따라 보고 귀는 소리에 따라 들으며 코는 냄새에 따라 냄새맡고 수족의 운동은 조화의 작용에 따른다. 그래도 스스로는 그것에 관여하지 않는다. 그렇게 되면 이 칠척의 신체는 하나의 대지와

같게 된다. 나아가 마음은 활발하여 곧 천지의 기와 관통함으로써 무애無礙하게 된다. 거기에는 인자仁者의 성실함이 있고 못과 같은 깊고 고요함이 있으며 천과 같은 광대함이 있어, 모든 것이 일체가 되고 모든 것이 융합하여 사람이 곧 천이고 천이 곧 사람이 된다. 이와 같은 깨달음을 진오眞悟라 하고, 이와 같은 수행을 진수眞修라 한다.

36 어느 날 정좌하고 있었는데 책상 위의 서적이 어지럽게 흩어져 있는 것을 보고 마음이 불안하였다. 이 마음을 안정되게 하려고 했지만 되지 않았다. 그래서 서적을 정돈하자 갑자기 마음의 안정이 찾아졌다.

37 단지 성性에서 공부를 가하기만 하면 쓸데없는 잡념이 일체 없어지고 마음은 돌연 맑고 깨끗해져 한 점의 얼룩도 없음을 알게 될 것이다.

38 성性에 투철한 사람의 마음은 맑고 고요하여 심중에 한 점의 물物도 없다.

39 마음이 수렴되어 그 안에 일물도 없으면 천지만물이 나와 동체가 된다. 만일 일물이라도 있으면 피아 사이에 단절이 있게 된다. 일물도 없으면 내와 외가 융합된다. 그러므로 군자의 학문은 이 경敬에서 남김없이 다해진다.

40 고요하고 무사평온한 마음에서 만사가 나오면 거기에는 온화자상溫和慈祥한 기가 깃들어 언동이 온화하게 된다. 이에 반해 피아가 단절된 마음에서 만사가 나오면 거기에는 남을 경멸하는 살벌한 기가 깃들어 언동이 삭막하게 된다.

41 마음이 텅비고 지극히 공정[至公]하여 조금도 물욕에 가려있지 않으면 생의生意가 유행하고 자연스레 융합한 일단의 화기和氣가 천지간에 충만하게 된다. 인仁이란 바로 이것을 말하는 것이다.

42 곤히 잠들어 모든 것이 정적하고 물의 그림자도 없고 형체도 없는 때에 이르면 존양공부도 언제나 주재자가 있어 망동하지 않는다. 대체로 정적한

때와 감지感知하는 때가 조금도 다름이 없어야 비로소 참된 것이 되는 것이다.

43 본령의 학문이 없으면 아무리 현묘한 학설이라 해도 모두 지리멸렬할 뿐이다. 본령의 학문이 있으면 비근卑近한 학설이라도 모두 원만圓滿하다.

44 공적하여 일물의 흔적도 없는 가운데 삼라만상이 빼곡이[森然] 드러나 있다. 도의 체와 용의 관계는 본래 이와 같은 것이다. 유자가 이것을 체인할 수 있으면 심중이 맑고 고요하여 그 안에 일물도 없게 된다. 그러면서도 사물에 관해서는 상세히 분석하여 모든 리가 바르게 되고 조금의 잘못도 없게 된다. 도에는 체와 용이 있지만 실은 체가 곧 용이고 용이 곧 체이다. 그런데 이단에서는 적멸의 지극함과 만유萬有를 무로 돌린다. 체를 얻은 것 같지만 용은 지리멸렬하여 완전히 잘못되어 있다. 이 경우 체는 있되 용만 없는 듯하지만, 실은 그 체도 참된 체가 아니라 상상에 지나지 않는 것이다. 체가 참된 체가 아니므로 용도 참된 용이 아

니다. 바로 여기에 유·불의 구별이 있는 것이다.

45 존양과 성찰은 매우 친절親切한 체험인데, 사事에 임해서의 중요한 공부는 성찰이지만 요령의 회통은 존양에 있다.

46 흉중에 일물이라도 남아 있으면 안 된다. 조금이라도 남아 있으면 보려 해도 보이지 않고 들으려 해도 들리지 않는다. 이것은 본심이 상실되었다는 증거이다. 나는 요즘 갑자기 흉중에 일물이 들러붙어 있어 맹렬히 그것을 소탕하려고 했다. 그러나 제거되었다 싶으면 다시 오곤 하여 용이하게 없앨 수가 없었다. 이에 깊이 반성하고 이를 글로 써서 스스로를 경계하였다.

47 학문에 본령이 있으면 천근淺近한 설이라도 모두 천리이다. 이에 반해 본령이 없으면 현묘한 설이라도 모두 인욕일 뿐이다. 그러므로 사람에게는 본령이 없으면 안 된다. 만일 본령이 있으면 만사가 모두 천리의 작용이 되고, 모든 것이 원만히 행

하여져 조금도 결함이 없게 된다. 이것이 바로 성현의 학문이다.

48 이 마음이 정적하여 물에 감응함에 동하지 않을 때에는 물에 있는 리가 곧 내 마음의 리와 묘합하여 그 사이에 조금의 격절도 없이 저절로 일관하게 된다. 그러므로 사事의 마땅한 리는 (마음의) 밖에 있는 것이 아니다.

49 경敬이라고 하는 것은 이 마음이 주재를 얻은 것이다. 그러므로 경으로 안을 바르게 하는 것이 아니라 경하면 안이 바르게 되는 것이다.

50 경으로 이 마음을 수렴하는 것이 아니라, 이 마음을 수렴하면 그것이 곧 경인 것이다. 경은 자기의 마음 안[心中]에 있는 것이지 마음 밖에 있는 것이 아니다.

51 심이 적연하여 움직이지 않을 때는 심체는 텅비어 천명의 체가 세워진다. 심이 물에 감통할 때는 심체는 영묘靈妙하여 천명의 작용이 행해진다. 기실

천명의 체는 적감寂感에 따라 서는 것이고, 천명의 용은 동정動靜에 따라 행해지는 것이다. 이것 또한 알지 않으면 안 된다.

52 체가 서야 용이 행해진다. 평시의 존양은 체를 세우기 위한 공부이다. 때에 따라 성찰하는 것은 용이 행해지기 위한 공부이다. 이것은 결국 하나의 천명이 유행하여 끊이지 않는 것이니, 두 개가 있는 것이 아니다.

53 주렴계의 '주정主靜'학은 '본령공부'로 심체를 세우는 비결秘訣이다. 정자의 '거경'학은 '처음을 이루고 마지막을 이루는 것'으로 심체를 닦는 요결要訣이다.

54 소강절이 말한 이른바 '무극'이란 동지의 자시子時의 한 가운데를 가리킨 것으로, 6개의 음이 중첩된 곤(☷)괘와 일양이 돌아오는 복(☳)[一陽來復]괘의 중간을 말한 것이다. 그곳은 정적의 극치이고 정밀의 극치이며 지하의 궁전으로 신이 거하는

곳이고, 소위 '충막무짐沖漠無朕'한 가운데 삼라만상이 빼곡히 이미 갖추어져 있는 곳이다. 이것을 정靜이라 해도 이미 정靜이 아니고, 동動이라 해도 아직 동動하지 않았다. 하나의 영靈이 깊고 고요히 정靜하면서 또한 활발活潑하다. 이것을 리라 해도 기가 또한 존재하고, 이것을 기라 해도 리가 주재하고 있다. 이것을 천지만물의 대본大本이라 한다. 일 년의 조화, 천변만화는 모두 여기에서 나온다. 사람의 마음으로 말하자면 이것은 '미발지중'이다.

55 마음이 적연하여 움직이지 않는 것이 음정陰靜이다. 마음이 감하여 천하의 사事에 통하는 것이 양동陽動이다. 적연하여 움직이지 않게 하는 것은 마음의 본체를 세우는 도이다. 감하여 천하의 사事에 통하는 것은 마음의 용을 행하는 도이다. 경敬하면 곧 심의 체가 서고, 의義하면 곧 심의 용이 행해진다. 지知하면 곧 심의 체가 밝아지고, 행行하면 곧 심의 용이 드러난다.

56 곤괘와 복괘의 중간이 '무극의 진眞'이다. 주렴계

가 말한 "주정主靜이면서 인극人極을 세우는 것"이 우리 학의 비결秘訣이다. 정자는 이 의미를 한층 분명히 하여 '주정主敬'이라고 했다. 이것 또한 그 의미를 지극히 잘 드러낸 것이다.

57 나는 요즘 주렴계의 '주정'학에 크게 감발하는 바가 있었다. 학문은 정靜을 근본으로 하지 않으면 공부의 착수처가 없다. 만일 주정공부가 그 근본을 세우는 것임을 안다면 마음이 안정되어, 이른바 만물의 근원[一源]도 나에 의해 서게 될 뿐 아니라 심중은 항시 안락하다. 이것은 언어로는 모두 드러낼 수 없다.

58 동지의 자시子時의 한 가운데는 지智가 저장되어 있는 곳으로, 지극히 정밀精密하고 지극히 미묘微妙하여 형상은 없지만 그 안에 만리萬理를 갖추고 있다.

59 주자는 만년에 이연평의 정좌설에서 취한 것이 있었다. 따라서 임택지林擇之 앞으로 보낸 서간에서 "양구산楊龜山이 말하는 이른바 미발시에 중中을

체인하고 이발시에 화和를 얻는다는 이 말이 매우 타당하다. 그러나 아직 병폐가 있음을 면하지는 못한다. 이연평 선생의 설을 들으면 이것이 가장 상세하다. 전에는 본 바가 (이연평 선생과) 동일하지 않아 결국 생각이 미치지 못하였지만, 이제 그 사람됨의 깊고 간절함을 알겠다. 그러나 한스럽게도 이미 상세한 곡절을 남김없이 기록할 수가 없다"고 하였다. 야마자키의 『문회필록文會筆錄』에 이 서간문이 실려있다. 이것은 초학자가 처음 공부할 때 의거할 곳이다.

60 주자는 젊었을 때 이연평 문하에서 수학하였다. 이선생은 하루 종일 단좌端坐하여 희로애락이 발하기 이전의 기상이 어떠한 것인가를 체인하여 소위 '중中'을 구하고자 하였다. 주자는 "이선생은 지극히 고요함을 얻었으니, 저절로 깨닫는 곳이 있어 다른 사람과 같지 않음을 볼 수 있다"고 언급하고 있다. 이러한 공부는 지극히 치밀하다고 하겠다.

61 연평선생은 아직 발하기 이전의 기상을 보라고 하

였다. 주자는 "이것은 보지 않음을 갖고 보는 것"이라고 하였다. '보지 않음을 갖고 본다'는 것은 지극히 미묘정밀微妙精密하여 정좌의 표준으로 삼아야 할 것임을 서술한 것이다.

62 『문회필록』에 「황씨일초黃氏日抄」의 말을 실어 "연평의 학은 함양을 갖고 공부로 삼고, 항시 심목心目 간에 있음을 갖고 효험으로 하였다. 그리고 탈연脫然히 쇄락洒落하는 곳을 갖고 극치로 삼았다"고 하였다. 이것은 학자들이 곰곰이 음미해봐야 할 곳이다.

63 나는 요즘 간편하고 민첩한 방법을 깨달았다. 즉 학문의 도에는 주경과 궁리의 두 가지가 있다. 주경은 물론 동정을 관통하는데 그 공부는 한가지가 아니다. 그렇지만 초학자가 먼저 손을 대야 할 곳은 단지 정좌일 뿐이다. 궁리는 물론 내외를 관통하는데 그 공부는 다양하다. 그렇지만 초학자가 착실히 시작할 곳은 단지 독서일 뿐이다. 주자는 학문하는 자들을 위해 (학문)과정을 세워 "반일정

좌半日靜坐, 반일독서半日讀書"라고 하였다. 이 말을 보아도 이상의 뜻을 잘 알 수 있다.

64 정靜할 때 마음이 안정되면 안정될수록 동動할 때 더더욱 과단果斷하게 된다. 정靜할 때 사사가 없으면 없을수록 동動할 때 더더욱 각각의 사事가 리에 합당하게 된다.

65 주렴계는 '주정'에 스스로 주를 달아 '무욕고정無欲故靜'이라고 하였다. 『통서通書』에서 "무욕하면 곧 정靜하면서 허虛하고, 동動하면서 직直한다"고 말하고 있다. 이렇게 보건대, 정은 동을 담고 있고 체는 용을 포함하기 때문에 그 공부는 체를 세워 용에 달하는 것임을 부지부식 중에 알 수 있다.

66 정좌공부는 심이 정적하고 초연히 무아가 되어 천지만물과 일체가 되는 이른바 "천지가 자리를 잡고 역이 그 안에서 행해진다"고 하는 것과 같은 것이 아니겠는가? 이러한 것은 경敬의 본체이다. 학문하는 자는 철저히 이 묘지妙旨를 깨닫지 않으면

안 될 것이다.

67 지장知臟의 묘미를 근래 깨닫게 되었다.

68 성性은 천天이 명한 곳이다. 이것은 마음으로 말하자면 아직 발하기 전의 '미발'로, 텅 비어 물物의 흔적도 형체도 없으면서 또한 그 안에 삼라만상이 삼연히 갖추어져 있다. 이것이 바로 지장知臟이다.

69 과거를 저장하고 미래를 안다. 이것은 신지神知의 영묘함으로 원형이정元亨利貞의 사덕으로 말하자면 정貞에 해당한다. 이것은 물物의 처음과 끝을 이루는데 이것에 의해 그 묘용을 볼 수가 있다. 이것을 사계절로 말하자면 동지의 자시의 한 가운데로 완전히 지묘至妙한 곳이다.

70 동지의 자시의 한 가운데는 헤아려 알 수 없는 작용을 갖는다. 그것은 적감寂感의 극이고 신묘神妙의 극으로 미밀비오微密秘奧의 곳에 감추어져, 적寂이라 해도 그 끝을 알 수 없고 감感이라 해도 그 시작을 알 수 없다. 지知의 본체는 아마 이와 같은

것일 것이다.

71 지장知臧의 흔적 없음과 동지의 지적至寂한 곳은 소리도 없고 냄새도 없는 온전한 체[全體]이며 게다가 활발발活潑潑한 것이다.

72 이 마음을 항시 육체 안에 있도록 하는 것이 곧 '본령공부'이다.

73 본령이 이미 밝아지고 그것에 의거하여 세상사를 대하면 태반은 칼로 베듯이 쉽게 해결된다. 그 나머지는 사건과 조우할 때마다 하나하나 궁구해가면 또한 힘들이지 않고 완수할 수 있을 것이다.

- 끝 -